高等职业院校公共基础课系列教材

就业指导与职业素养

■主编 薛靖 李想 黄奕

同济大学出版社
TONGJI UNIVERSITY PRESS
·上海·

内 容 提 要

本书的编写目的是帮助大学生快速掌握求职、任职、升职等方面的理论知识和基本技能,完成由"校园人"到"社会人"的转变。本书分为就业指导篇和职业素养篇,共七个模块,包括就业概述、求职准备、求职技巧、就业保障、职场适应、职业素养和职场技巧。每个模块设有学习目标、案例导学、案例分享、课后实践等教学栏目,便于学生预习和复习,有助于培养学生的实践能力。

本书通俗易懂,既可作为普通高等学校和高等职业院校就业指导与职业素养培养相关课程的教材使用,也可供相关研究者参考借鉴。

图书在版编目(CIP)数据

就业指导与职业素养 / 薛靖,李想,黄奕主编. --上海:同济大学出版社,2024.6
ISBN 978-7-5765-1032-4

Ⅰ.①就… Ⅱ.①薛… ②李… ③黄… Ⅲ.①大学生-职业选择 Ⅳ.①G647.38

中国国家版本馆 CIP 数据核字(2024)第 020150 号

高等职业院校公共基础课系列教材

就业指导与职业素养

主编 薛 靖 李 想 黄 奕

责任编辑 任学敏 **助理编辑** 竺奕辰 **责任校对** 徐春莲 **封面设计** 渲彩轩

出版发行	同济大学出版社　www.tongjipress.com.cn (地址:上海市四平路1239号　邮编:200092　电话:021-65985622)
经　销	全国各地新华书店
制　作	南京月叶图文制作有限公司
印　刷	常熟市华顺印刷有限公司
开　本	787 mm×1092 mm　1/16
印　张	9.25
字　数	197 000
版　次	2024 年 6 月第 1 版
印　次	2024 年 6 月第 1 次印刷
书　号	ISBN 978-7-5765-1032-4
定　价	42.00 元

本书若有印装质量问题,请向本社发行部调换　　版权所有　侵权必究

前　言

党的二十大报告强调，要实施就业优先战略，强化就业优先政策，健全就业公共服务体系。开设大学生就业指导与职业素养培养的相关课程，是高校贯彻落实这一重要精神的关键举措，是促进青年学生有效提升就业能力和职业素养、树立正确职业观和就业观的重要渠道。

为了帮助大学生快速掌握求职、任职、升职等方面的理论知识和基本技能，完成由"校园人"到"社会人"的转变；为了让大学生明确自己将来做什么工作、现在需要准备什么及准备到什么程度，做到有备无患、学以致用；为了全面、快速地提升大学生的综合素质，提高大学生解决实际问题的能力，使其在短时间内掌握处理职场人际关系的能力，更好地与人沟通、合作和相处；为了最大限度地避免大学毕业生在职业发展道路上碰壁、走弯路，使其把宝贵的时间用在关键点上，成为企业需要的实用型人才，从而在激烈的就业竞争中脱颖而出，编者编写了本书。

本书的编写坚持理论与实践相结合、普遍性与特殊性相结合、理论指导与技术指导相结合的原则，遵循贴近实际、注重实效、有所创新的基本思路，突出系统性、全面性和实用性的特点。本书分为就业指导篇和职业素养篇，共七个模块，包括就业概述、求职准备、求职技巧、就业保障、职场适应、职业素养和职场技巧。每个模块设有学习目标、案例导学、案例分享、课后实践等教学栏目，便于学生预习和复习，有助于培养学生的实践能力。

本书由福建船政交通职业学院薛靖、李想、黄奕担任主编。由于编写人员水平有限，书中难免存在疏漏之处，敬请广大读者批评指正，以便编者进一步修订完善。此外，编者在编写过程中，借鉴了许多文献资料，在此向有关文献的作者致以最诚挚的谢意。

编　者
2023 年 12 月

目　　录

前言

就业指导篇

模块一　就业概述 ·· 003
　　专题一　就业形势 ··· 004
　　专题二　就业政策 ··· 007
　　专题三　就业机遇 ··· 019

模块二　求职准备 ·· 024
　　专题一　就业的流程和手续 ·· 025
　　专题二　就业信息的收集与筛选 ·· 034
　　专题三　就业材料的准备 ··· 040

模块三　求职技巧 ·· 052
　　专题一　面试的内容与类型 ·· 053
　　专题二　面试技巧 ··· 056
　　专题三　面试礼仪 ··· 062

模块四　就业保障 ·· 071
　　专题一　就业权利与义务 ··· 073
　　专题二　劳动争议与处理 ··· 080
　　专题三　求职陷阱的识别与防范 ·· 084

职业素养篇

模块五　职场适应 ·················· 095
　　专题一　职业适应 ·················· 096
　　专题二　职业角色适应 ·················· 101
　　专题三　职业心理适应 ·················· 106

模块六　职业素养 ·················· 111
　　专题一　职业素养的内涵 ·················· 112
　　专题二　职业素养的养成 ·················· 121

模块七　职场技巧 ·················· 128
　　专题一　职业压力缓解 ·················· 129
　　专题二　职场人际社交 ·················· 130
　　专题三　职场情商提升 ·················· 135

参考文献 ·················· 142

就业指导篇

模块一

就业概述

 **学习目标**

（1）了解、分析近几年大学生的就业环境。
（2）掌握与大学生相关的就业政策。
（3）掌握职业的特性和职业发展的新趋势。

 **案例导学**

毕业后将何去何从

小王是某大学金融学专业的应届毕业生。她参加了多场学校和用人单位组织的招聘会，搜罗了各种适合自己专业的岗位，简历也投了很多份。一开始她打算去银行、证券、保险行业谋求职位，可求职的人实在太多，除了大量的应届毕业生外，还有很多往届毕业生，甚至还有具有数年工作经验的职场人。小王觉得自己优势不明显，难以竞争过其他对手。

一次，小王了解到，自己所在的学校在国家"三支一扶"的政策指导下，有一项与某农业大省对接的支农活动，需要一名金融学或财务管理专业的应届毕业生。小王认为，这项活动正好可以帮助自己丰富工作经验，也能锻炼沟通和交际能力。老师向她推荐了这条就业途径后，建议她先到基层锻炼一段时间，在提高了自己的实践能力和就业技能之后，再回到城市中重新就业。

【点评】

从以上案例可以看出，在目前的就业形势下，大学生应该认识到提高个人素质和能力尤为重要。另外，要想保证自己在毕业生群体中有较强的竞争力，就需要认真分析当前的就业形势，熟悉国家和自己所在的省、自治区、直辖市出台的促进大学生就业的政策，灵活就业。

专题一 就业形势

一、大学生就业形势概述

随着高等教育大众化时代的到来,大学毕业生必然从"精英化就业"走向"大众化就业"。大学毕业生就业岗位分布、就业层次、薪酬水平等情况是遵循劳动力市场供需规律的,供需矛盾决定着毕业生的就业形势。简而言之,社会中的就业岗位分布呈"金字塔"形,从顶端向下,各层次岗位对劳动力的技能要求逐渐下降,岗位数量逐渐增多。顶端层次的岗位,对劳动力的技能要求最高,数量最少;底端层次的岗位对劳动力的技能要求最低,数量最多。

目前,我国劳动力技能水平与岗位需求不相适应、劳动力供给与企业用工需求不相匹配的结构性矛盾更加突出,就业形势更加严峻。一是劳动力供大于求的总量压力仍然很大。中华人民共和国人力资源和社会保障部数据显示,2023年我国需要在城镇就业的新成长劳动力达1662万人,规模创近年新高。还有相当数量的农村富余劳动力需要转移就业。二是就业的结构性矛盾更加突出。随着技术进步和产业优化升级,技能人才短缺的问题将更加凸显;部分地区的企业用工需求与劳动力供给存在结构性失衡,造成企业"招工难"与劳动者"就业难"并存的现象;以高校毕业生为主的青年就业、农村富余劳动力转移就业的难度依然很大。三是经济社会环境变化对就业提出了新的挑战。经济发展方式的转变、产业结构的升级、科技的进步和管理的创新对劳动者素质提出了更高的要求,城镇化的推进对农村富余劳动力转移就业工作提出了新的要求。同时,公共就业和人才服务及职业培训不能满足需要,人力资源市场信息化建设滞后,影响人才社会性流动机制的障碍依然存在;经济社会转型过程中劳动者利益诉求发生新的变化,劳动关系矛盾凸显,劳动关系调整机制不完善的问题仍然比较突出,劳动关系协调难度加大。

二、大学生就业现状分析

随着我国高等教育的发展,大学生的数量不断增加,大学生就业问题日益凸显,已成为社会热点之一。在我国一些经济水平较为落后的地区,不少大学生或大学生家长甚至有"毕业即失业"的悲观认知。

近年来高校连年扩招,毕业生人数持续增长。虽说增长速度变缓,但总人数一直保持在高位,特别是2023年,毕业生多达1158万人,预计到2024年这一群体将超过1187万人(图1-1),将给就业造成非常大的压力。虽然国家政府的各项政策和举措为毕业生提供了很多就业机会,但面对不断增加的就业人数,劳动力供需差仍在逐年增大,在这种形势下,大学毕业生还要同有工作经验的再就业人群、农村富余劳动力进行竞争,就业形势不容乐观。

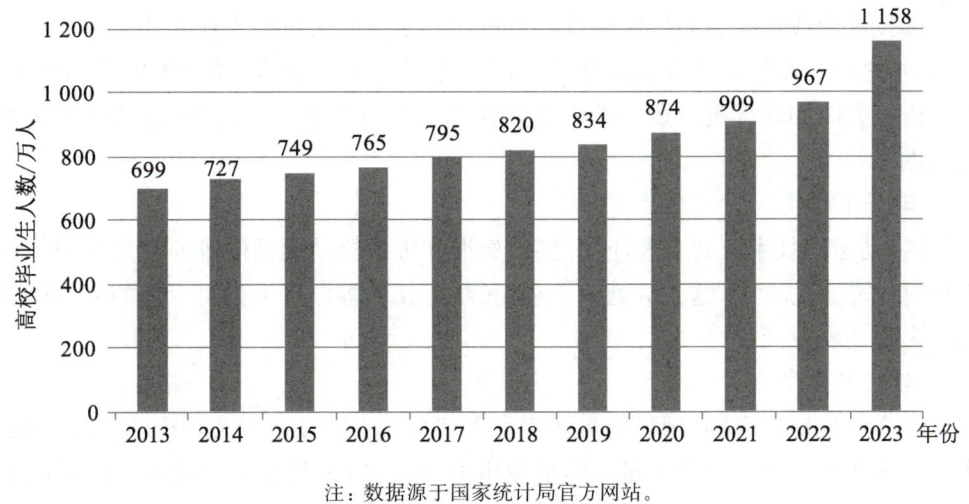

注:数据源于国家统计局官方网站。

图 1-1　2013—2023 年全国高校毕业生人数

(一) 国内外经济增速趋缓,对就业产生一定影响

当前,中国经济发展速度的放缓和产业结构的调整,客观上会对劳动者就业结构产生影响,同时也会对就业总体规模产生挤压效应。国际经济发展形势仍然不确定,风险和变数依旧较多,欧美主要经济体面临着财政紧缩、主权债务风险上升等诸多问题,新兴经济体面临着经济结构调整等问题,世界经济复苏艰难,影响着出口型经济及相关行业的发展,这些都对就业产生了一定的影响。

(二) 企业的生产形势对就业的影响依然较大

部分企业近期的生产形势不够乐观,裁员频繁,急于消解成本压力,这在一定程度上会伤害员工对企业的感情,也会给毕业生就业带来阻碍。还有一些企业缺少社会责任感,其长期沿袭的"需要就招工、不需要就解雇"的用工模式让劳动者没有安全感和稳定感。

(三) 社会对高技能复合型创新人才的需求日益迫切

目前,我国中高层次的人才严重短缺,社会对高层次的复合型、外向型和开拓型人才的需求日益迫切,呈现对人才的需求层次上移的趋势。

现在是知识经济时代,互联网、高新技术、电子通信将是经济新的增长点,所以,一些相关的行业具有发展前景。大学生如果具备这些行业的相关知识和技能,就能在就业市场的竞争中获得更多的生存机会和发展机会。据有关专家估计,未来相对更具发展前景的行业包括以下三种。

1. 高层次计算机科技类

随着以移动互联网和5G技术为代表的移动通信技术的迅猛发展，当今社会已步入信息化时代，计算机应用从普及向人机互联和智能化方向发展，以大数据、人工智能和区块链技术为代表的更高层次的计算机科学技术需要大量的专业人才。据有关方面预测，数年之内与高层次计算机科学技术相关的，面向软件开发、硬件维护、网络集成和数据分析等方向的计算机专业大学毕业生将持续走俏人才市场，成为高新技术企业争夺的焦点。

2. 电子工程类

5G移动通信技术正式普及应用之后，建设和维护移动通信网等通信设备的工作需要大批对应专业的人才，这就为通信工程、无线电技术等电子工程类专业的大学毕业生提供了大量的就业岗位。

3. 第三产业类

第三产业包括以金融、现代物流和信息咨询为代表的技术密集型产业，是经济发展的重点。这些产业具备容纳大量大学毕业生的能力，特别是学历和技术层次较高的大学毕业生。

另外，随着国家把机械产业、电子产业、汽车制造产业定为带动整个经济增长和结构升级换代的支柱产业，与此相关的专业将在未来若干年内具有十分广阔的就业前景。

总之，大学生应关注职业、行业和社会的发展趋势，结合职业发展趋势及特点来把握当今行业行情，做好职业规划，有的放矢。

案例分享

要求苛刻的小王

2023届毕业生小王来自云南罗平县，直到当年3月份他还未落实工作单位。他本人的择业意向是：必须是事业单位，提供足额五险一金、带薪休假等福利，并在未来数年内提供升职至管理岗位的机会。小王认为做什么工作无关紧要，但若不满足以上条件什么单位都不考虑。在这种心态下，结果自然难以如愿。

【点评】

小王的思想在如今的大学生中具有一定的代表性。不少大学生过于注重"铁饭碗"、福利待遇等问题，而忽视随着高等教育的大众化，大学生就业观念也应转换。实践证明，中小城市企业、乡镇基层单位、非国有企业已经成为接收毕业生的广阔渠道。大学生要克服互相攀比的心理和传统观念，适当调整就业期望值，努力适应新的就业形势；要客观地评价自己，既要看到自己的长处和优势，又要充分认识自己的短处和不足，切忌好高骛远。

专题二 | 就业政策

国家就业政策是在特定历史背景和阶段下形成的一系列规定,旨在促进经济增长和社会发展,为求职者创造更多就业机会。这些政策内容涵盖了就业的指导思想、原则、管理体系、就业的可能范围和途径,以及具体的执行规则等。对于大学生来说,深入理解这些就业政策并增强主动求职的意识,是实现顺利就业的关键。通过这种方式,大学生不仅可以更好地把握职业发展的机会,还能在就业市场中更加自信地定位自己,选择最适合自己的职业路径。

一、鼓励大学生到中西部、艰苦边远地区基层单位就业的政策

为了鼓励大学生到中西部和边远地区的基层单位就业,我国实施了一系列优惠政策和专项计划。这些政策旨在解决城乡发展不平衡的问题,并通过优化就业结构促进社会经济的均衡发展。专项计划如"大学生志愿服务西部计划""三支一扶"以及针对农村教育和农业技术的特设岗位计划,都是为了吸引大学生到这些地区服务,并通过实践增强其社会责任感和职业技能。具体优惠政策如下。

(1) 对自愿到基层单位就业且服务期超过三年的中央部属高校毕业生提供学费补偿和助学贷款代偿,最高标准分别为本科生每年 8 000 元,研究生每年 12 000 元。此外,各地区还制定了针对本地高校毕业生的额外补贴措施。

(2) 政府还通过购买服务的方式,在基层特别是乡镇和村级单位创设公共管理和社会服务的岗位,优先考虑高校毕业生。

(3) 完善工资待遇和服务保障机制,确保这些毕业生能在基层单位获得合理的工作条件和生活保障。

(4) 求职补贴调整为更广泛的求职创业补贴,拓宽了适用范围,包括了接受过国家助学贷款的毕业生和来自贫困家庭的高校毕业生。

(5) 为了吸引更多的毕业生,艰苦边远地区的基层机关在招录时可以适当放宽对学历和专业的要求,并降低开考比例,设置特定数量的职位面向当地户籍或长期居住的高校毕业生,以此激发他们的归属感和参与感,促进地方人才的留存和地区的发展。

(6) 高校毕业生在中西部地区和艰苦边远地区县以下基层单位从事专业技术工作,申报相应职称时,可不参加职称外语考试或放宽外语成绩要求。对到省会及省会以下城市的社会团体、基金会、民办非企业单位就业的高校毕业生,所在地的公共就业人才服务机构要协助办理落户手续,在专业技术职称评定方面享受与国有企事业单位同类人员同等待遇。

（7）对到农村基层和城市社区从事社会管理和公共服务工作的高校毕业生，符合公益性岗位就业条件并在公益性岗位就业的，按照国家现行促进就业政策的规定，给予社会保险补贴和公益性岗位补贴。

（8）对具有基层工作经历的高校毕业生，在研究生招录和事业单位选聘时实行优先原则。

（9）自2012年起，省级以上机关录用公务员，除特殊职位外，一律从具有2年以上基层工作经历的人员中考录。市地级以上机关应拿出一定数量的职位面向具有基层工作经历的公务员进行公开遴选。

> **案例分享**
>
> ### 放弃十多个工作机会，偕妻赴西部就业
>
> 刘振奇是中国海洋大学经济学院区域经济学2018届硕士毕业生。2019年7月，他远赴离母校、离家数千千米的新疆乌鲁木齐工作。
>
> "看来，我与大西北的缘分是剪不断的。离开三年，想不到又要去西部的西部，再次投入她的怀抱。"刘振奇打趣道。
>
> 刘振奇家在河南省鹤壁市浚县农村，2011年高考，他被西北师范大学经济学专业录取，在兰州度过了四年大学生活。四年里，他习惯了当地的风土人情和饮食起居，还能说得一口流利的兰州方言，成了一个地地道道的"西北人"。大四那年，刘振奇被免试推荐至中国海洋大学，攻读区域经济学硕士学位。
>
> 2017年下半年，与大多数毕业生一样，刘振奇开始四处奔波求职。家乡的公务员选调生考试、银行、央企、民企等他都去尝试过。
>
> 由于一名在乌鲁木齐工作的中国海洋大学校友极力推荐，他参加了新疆维吾尔自治区党委组织部组织的宣讲会和面试。会后，刘振奇当即决定去新疆就业，接下来他全力以赴为笔试和面试"备战"。
>
> "参加宣讲会，我真切感受到西部建设需要人才的急迫性，也感觉选择这份工作符合我的职业生涯规划，将自己的职业选择与国家西部建设有机结合了起来，很切合我的价值追求。"刘振奇说。备考期间，他也接到了十多个用人单位向他递来的"橄榄枝"。这些岗位中不乏"铁饭碗""金领"，但刘振奇还是对他的西部行念念不忘。
>
> 就在备受煎熬的等待中，乌鲁木齐选调生考试有了结果：11月上旬，他被通知参加在上海交通大学举行的面试。由于准备充分且有西部学习生活经历，他很快被确定录用，工作单位为乌鲁木齐市政府办公厅。
>
> "到西部去，到基层去，到祖国最需要的地方去，投入时代的洪流中，打造一个新世纪……"刘振奇说，乍听到这个结果，他的耳际一直萦绕着这首《到西部

去》，感到全身热血沸腾，有一种立即拿起背包去大西北上岗的冲动，"眼前也浮现出西北广袤无垠的大戈壁，西北民众淳朴无华的脸庞，还有新疆人的特色面食拉条子和馕……"

父母很开明，他们对刘振奇去新疆的态度是赞同加支持。在家乡跑运输的弟弟也表态，家里和父母由他照顾，让哥哥放手去闯一闯，搏一搏。

家人的支持让刘振奇感到欣慰，但最让他担忧的是他已经相恋七年并开始谈婚论嫁的女友贾小利。他和小贾是高中同学，两家相距不远。2011年高考放榜后，刘振奇去兰州读大学，小贾则留在本省读大学。开学前，两人确定了恋人关系。2015年，刘振奇来到中国海洋大学读研深造，小贾则回到家乡成为一名小学语文老师。

"本来我回河南可以在省城或家乡做公务员，女友做教师，属于事业编，将来会有很好的小日子。但我去新疆工作这个决定让这一切都充满变数。"刘振奇说。他当时很担心这段七年多的感情有可能就此终止，已经作了最坏的打算："成则婚，败则分。"

出乎意料的是，小贾知道刘振奇的决定后，不仅没有表示反对，反而很支持："现在咱们都还年轻，应该出去闯闯。只要你作出的决定正确，我都无条件支持。"小贾也很快做通了自己父母的工作。考虑到以后定居新疆离家较远，为全身心投入以后的工作，两人决定提前结婚。

2018年5月20日，刘振奇回老家迎娶小贾。"妻子放弃令人羡慕的工作和稳定的收入，一心一意支持我，我很感激，我唯有努力工作，积极进取，回报爱妻。"婚礼当天，刘振奇在朋友圈里写下了这样一段文字："2018年5月21日——将来，新的征程，新的开始。"

由于跨省不能办理工作调动，贾小利已经向单位递交辞职报告，并在老家搜集乌鲁木齐的民俗民风、饮食起居等方面的信息，以便尽快融入当地生活。

辞掉公职，意味着一切都要从头开始。贾小利也在寻找新的就业机会。可能的话，她还想当教师，从教三年，她已深深地爱上了教育事业，喜欢跟孩子们相处。她说去西部当老师是一件十分有意义的事，自己愿意为之努力，为西部教育贡献一份力量。

乌鲁木齐比兰州又向西近2 000千米，那里有与兰州不一样的条件和环境。房子、孩子、教育……这一道道难题，刘振奇和贾小利难道压根儿就没考虑过？"事业是干出来的，前辈们的打拼，加上我们这几代年轻人的努力，大西北正在越来越好，近年来取得的成绩也是有目共睹的。富起来，好起来，这是多少代西部人的梦想，也是我们这些新西部人的梦想。我们有充分的理由相信，到了我们的下一代，下下一代，这个梦想一定会实现。"刘振奇说。

【点评】

看得出,对于扎根西部,刘振奇和妻子是经过深思熟虑的。因为他们的梦想在远方,就在祖国的大西部。对于未来的梦想,他们憧憬不已。

案例分享

扎根基层充分展才能

小黄是北京某大学2017届的优秀毕业生,硕士毕业后,面对多家大型企业的聘用邀请,他选择了回到家乡的一条不同的道路。小黄加入了家乡城关镇的党建办,致力于协助推动脱贫攻坚工作。他坚信,"扎根基层路更宽,生铁成钢需百炼",通过在基层的工作,可以获得更广阔的人生视野和更丰富的经验,这些都是值得他为之奋斗和期待的未来可能。

小黄认为,基层急需青年大学生的加入。他强调,青年学生通常具备较强的学习能力,他们的知识和活力是基层发展不可或缺的力量。正是这种力量,可以为基层工作带来新鲜的血液和创新的思想,是推动基层社会和经济发展的关键。

【点评】

国家也已经认识到这一点,近年来陆续出台了多项优惠政策和措施,旨在鼓励高校毕业生投身基层,以充分发挥他们的专业技能和创新精神。

二、应征入伍的就业政策

大学生(全日制)应征入伍服义务兵役,也享受就业优惠政策。

(一)"四个优先"政策

1. 优先报名应征

高校毕业生可以直接通过县级兵役机关报名参军,无须复杂的程序。县级兵役机关会提前通知报名的具体时间、地点和注意事项,确保预征对象的高校毕业生能够顺利完成报名。

2. 优先体检政审

在体检和政审阶段,高校毕业生同样享有优先权。如果他们未能在学校指定的时间内参加体检,可以凭借应届毕业生预征对象登记表在规定的征兵体检时间内直接参加体检。

3. 优先审批定兵

在审批定兵的过程中,符合体检政审标准的高校毕业生将被优先批准入伍。此外,只有在符合条件的高职(专科)以上文化程度的青年被批准入伍之后,才会考虑批准高中文化程度的青年入伍。

4. 优先选拔使用

在安排兵员去向时,县级兵役机关将根据应届毕业生的学历、专业和个人特长,优先安排他们到要求较高的军兵种或技术部队服役。此外,在选取士官、考军校和安排到技术岗位等方面,具有本科学历和良好表现的高校毕业生士兵将享有优先权。

(二)服役期间的选用培养政策

1. 选取士官

对于通过全国普通高等学校统一考试,并取得大专以上学历的大学毕业生士兵,首次选取为士官时,其在普通高等学校按规定学制就读的年数将视同服役时间。例如,大专毕业生首次授予士官时,可被授予中士第 1 年军衔;本科毕业生则可被授予中士第 2 年军衔,这有助于他们获得更高的起始军衔和工资标准。

2. 士兵提干

对于表现优秀且符合军事、政治、身体和心理等方面要求的本科以上学历的高校毕业生士兵,可选拔为军官。选拔过程遵循相关的临时办法和规定,确保选拔过程的公正性和透明度。

3. 报考军校

已经取得全日制专科学历的士兵可以参加全军统一组织的本科层次招生考试。被录取后,他们可以进入军队院校学习,学制为 2 年。毕业后,符合条件的士兵将被列入年度生长干部学员毕业分配计划,这为他们提供了进一步提升教育水平和职业发展的机会。

4. 保送军校

大学毕业生士兵如果表现优秀,可以参加优秀士兵保送入学对象的选拔。在选拔时,年龄限制放宽 1 岁,并在同等条件下优先考虑。

(三)退役后享受就业优惠政策

1. 视同应届毕业生待遇

退役大学生士兵在退役后的 1 年内,享有与当年应届毕业生同等的就业资格,凭用人单位的录用或聘用手续,可向原就读高校申请办理就业报到手续,并可办理户籍随迁手续(直辖市按相关规定执行),确保其在就业和户籍迁移方面的便利。

2. 免费职业技能培训

退役大学生士兵在安置地的县级以上地方人民政府组织下,免费参加职业教育和技能培训,培训合格后,颁发相应的学历证书和职业资格证书,并提供就业推荐服务。这一政策旨在提升他们的职业技能和竞争力,帮助他们顺利找到工作。

3. 服役经历视为基层工作经历

退役大学生士兵在报考公务员和事业单位职位时,其在军队服役的经历视为基层工作经历,服役年限计算为工龄。同时,定向培养的乡村教师和农村订单定向医学生,在履约期间,其服役年限也视为工龄。此举旨在增强他们在基层工作的竞争力,激励更多退役士兵投身于基层服务。

4. 基层干部选拔优先

在乡镇干部补充和基层专职人民武装干部的选拔过程中,优先考虑退役大学生士兵。对于返乡务农的退役士兵,鼓励他们通过法定程序参与村居"两委"班子的选举。同时,服役5年及以上的大学生士兵可报考面向服务基层项目人员的职位,并享有与服务基层项目人员共享的定向考录计划,优先录用建档立卡贫困家庭的退役大学生士兵。

5. 就业创业支持

教育部在"24365校园招聘服务"活动中设立了退役大学生士兵专岗,畅通其求职就业渠道。退役大学生士兵可参加户籍所在地省级毕业生就业指导机构和原毕业高校的就业招聘会,享受就业信息提供、岗位推荐和就业指导等服务。此外,地方政府还鼓励资源整合,为退役大学生士兵创业提供场地、资金、服务等支持,涵盖免费培训、经营场地、金融税收优惠、创业担保贷款等,帮助他们实现高质量创业,促进就业创业的全面发展。

三、国家和地方重大科研项目选聘大学生的政策

国家和地方重大科研项目选聘大学生的政策,根据《科技部 教育部 人力资源社会保障部 财政部 中科院 自然科学基金委关于鼓励科研项目开发科研助理岗位吸纳高校毕业生就业的通知》(国科发资〔2020〕132号),旨在通过鼓励高校毕业生参与科研项目,促进国家科技创新和人才培养。这一政策的主要内容和实施细节如下:

1. 高校毕业生的角色

强调高校毕业生作为国家科技创新的重要生力军,项目承担单位被鼓励开发科研助理岗位,专门吸纳高校毕业生。

2. 岗位开发和资金支持

项目承担单位可以依据自身情况,利用科研项目经费等渠道为科研助理岗位提供经费支持。政策还鼓励单位统筹现有经费渠道,配套专门资金以确保对科研助理岗位的长期稳定支持。

3. 薪酬和待遇保障

科研助理的薪酬标准应与本单位同级同类岗位相当,且不得低于当地的最低工资标准。此外,科研助理还应依规参加社会保险并缴纳住房公积金。

4. 户籍和档案管理

高校毕业生在担任科研助理期间,其户口可以存放在项目单位所在地或入学前的

户籍所在地。关于人事档案,如果项目单位不具备人事档案管理条件,档案可以转至项目单位所在地或户籍所在地的公共就业和人才服务机构。

5. 服务协议

与项目承担单位签订的服务协议需明确双方的权利、责任和义务。服务协议期满后,根据工作需求,可以续签协议,并按照有关规定办理户口和档案手续。

四、到非公有制单位就业享受的政策

中国政府为鼓励大学毕业生在非公有制企业就业,实施了一系列优惠政策以支持他们的职业发展和权益保护。这些政策主要包括五项。

(一)集体户口的便利办理

对于到非公有制单位就业的高校毕业生,公安机关将积极放宽建立集体户口的审批条件,确保落户手续的及时和便捷。

(二)劳动合同和社会保险

用人单位需按照国家规定与高校毕业生签订劳动合同,并为他们办理社会保险手续,缴纳社会保险费,确保他们的合法权益得到保护。

(三)全方位的人事代理服务

劳动和人事部门下属的人才服务机构将为到非公有制单位就业的高校毕业生提供集体户口办理、人事代理、存放人事关系等服务。此外,还包括人事关系接转、人事档案管理、转正定级、党团关系转接、专业技术职务任职资格申报评审及社会保险金缴纳等服务,以消除他们在非公有制单位就业时的后顾之忧。

(四)灵活就业形式的权益保障

对于采用非全日制、临时性和弹性工作等灵活就业形式,以及在个体、私营等非公有制经济组织中就业的高校毕业生,国家将按有关规定维护他们在工资支付、社会保险、劳动争议处理等方面的合法权益。

(五)中小企业就业的同等待遇

高校毕业生在中小企业就业时,在专业技术职称评定、科研项目经费申请、科研成果或荣誉称号申报等方面享有与国有企事业单位同类人员同等待遇。

五、自主创业享受的优惠政策

近年来,中国政府为了鼓励和支持大学生自主创业,出台了一系列优惠政策,覆盖税收减免、创业贷款及贴息、行政事业性收费免除、培训补贴以及创业指导服务等多个方面。这些政策旨在降低创业门槛,提供必要的支持,促进大学生创业活动的繁荣和成功。详细政策如下。

(一)税收优惠

《财政部 税务总局 人力资源社会保障部 农业农村部关于进一步支持和促进重点群体创业就业有关税收政策的公告》规定,毕业年度内从事个体经营的高校毕业生,从个体工商户登记当月起,3 年内每户每年可依次扣减实际应缴纳的增值税、城市维护建设税、教育费附加、地方教育附加和个人所得税,总额不超过 20 000 元,且可上浮至 24 000 元。

(二)创业担保贷款和贴息

符合条件的高校毕业生可以申请最高 10 万元的创业担保贷款。财政部门将为这些贷款提供贴息支持,确保贷款利率在基础利率上浮 3 个百分点以内。

(三)免收行政事业性收费

毕业 2 年以内的高校毕业生从事个体经营的,自首次注册登记之日起 3 年内,免收管理类、登记类和证照类等相关行政事业性收费。

(四)培训补贴

高校毕业生在毕业前一年参加创业培训并获得培训合格证书或在就业、创业方面表现良好的,可以获得培训补贴,以增强他们的创业技能和知识。

(五)免费创业指导服务

有创业意愿的高校毕业生可以免费获得公共就业和人才服务机构提供的全方位创业指导服务,包括政策咨询、信息服务、项目开发、风险评估、开业指导、融资服务等。此外,各地根据实际情况建设大学生创业孵化基地,并为基地内的创业企业提供持续的培训和指导服务,旨在提高创业成功率和企业存活期。

六、对贫困家庭高校毕业生就业的帮扶政策

针对贫困家庭高校毕业生的就业难题,中国政府通过《人力资源社会保障部 教育部 国务院扶贫办关于进一步加强贫困家庭高校毕业生就业帮扶工作的通知》(人社部函〔2020〕75号)实施了一系列具体的帮扶措施,旨在确保这一群体的平稳就业和有效援助。主要政策如下。

(一)明确帮扶目标和任务

将贫困家庭高校毕业生纳入就业帮扶的重点,实现"一生一策"的精准帮扶,确保他们的全面就业。

(二)深入了解就业需求

建立完善的政策数据库,确保包括因新冠疫情影响经济困难的毕业生在内的所有贫困家庭毕业生都能被及时纳入帮扶范围。同时,教育部门与人力资源部门应实行信息共享,确保贫困家庭毕业生的就业服务不间断。

（三）加强招聘服务

组织贫困家庭毕业生参加"24365校园招聘服务"等专项招聘活动，为他们解决在线求职过程中的困难。此外，推动跨地区招聘服务协作，为异地求职的贫困家庭毕业生提供便利。

（四）提升就业能力

为每位贫困家庭毕业生指派一名职业指导师，提供职业规划和求职技巧指导。针对不同需求提供职业培训、创业培训和见习机会，确保他们至少掌握一项专业技能或得到实际工作经验。

（五）突出重点帮扶

建立结对帮扶机制，确保贫困家庭毕业生优先获得岗位推荐和录用。利用公益性岗位进行临时性安置，并在就业政策扶持范围内提供必要的支持。

（六）加强组织领导

将贫困家庭高校毕业生的就业帮扶工作纳入就业工作目标责任体系，确保各级政府和相关部门的工作责任明确，并加快就业创业政策的实施。同时，通过舆论宣传，提升社会对这一群体的关注和支持。

七、对离校未就业高校毕业生的就业促进政策

针对离校未就业高校毕业生，中国政府已经制定了一系列就业促进政策，旨在帮助这一群体顺利过渡到职场。主要措施如下。

（一）求职和失业登记

公共就业人才服务机构和基层公共就业服务平台将对所有未就业高校毕业生开放，无论户籍地，均可办理求职登记或失业登记手续，并发放《就业失业登记证》。这一措施有助于政府部门摸清高校毕业生的就业服务需求。

（二）职业指导和就业信息提供

对所有实名登记的未就业高校毕业生提供针对性的职业指导。此外，对于有求职意愿的毕业生，各地政府要及时提供就业信息，帮助他们更快找到合适的工作。

（三）创业支持服务

对有创业意愿的高校毕业生，各地政府将其纳入当地创业服务体系，提供从政策咨询到项目开发、创业培训、融资服务及跟踪扶持的全方位"一条龙"创业服务。

（四）个性化就业帮扶

对于零就业家庭、经济困难家庭以及残疾等就业困难的未就业高校毕业生，各地提供"一对一"个性化就业帮扶，确保他们能够实现就业。

（五）就业见习和职业培训

对有就业见习意愿的高校毕业生，及时纳入就业见习工作对象范围，确保他们能够随时参加就业见习。此外，对有培训意愿的毕业生，根据其专业特点组织职业培训和技能鉴定，并落实相关的补贴政策。

（六）免费服务提供

为离校未就业高校毕业生免费提供档案托管、人事代理、社会保险办理和接续等服务，以减轻他们的负担。

（七）加强监管和反歧视措施

各地加大人力资源市场监管力度，严厉打击招聘过程中的欺诈行为和性别等各类就业歧视，确保就业市场的公平性。

八、福建省大学生志愿服务欠发达地区计划

"福建省大学生志愿服务欠发达地区计划"（以下简称"欠发达地区计划"）是由福建省委、省教育厅等部门实施的一项计划，目的在于引导和鼓励高校毕业生积极到农村、到基层去经受锻炼、服务社会，为推动高质量发展贡献青春力量。

（一）招募对象和条件

按照公开招募、自愿报名、组织选拔、集中派遣的方式，从省内全日制普通高校、省外全日制普通高校福建生源应届毕业生和近年来未就业高校毕业生及家庭经济困难、就业困难毕业生（不含成人教育培养类别等非本专科全日制高校毕业生）中，招募300名大学生志愿者，志愿者应具备以下条件：

（1）热爱祖国，坚决拥护党的领导，对习近平新时代中国特色社会主义思想有强烈的理论认同、实践认同和情感认同；

（2）具备奉献精神，能切实履行志愿者光荣的职责；

（3）具备服务岗位所需的相应的专业知识；

（4）符合体检标准。年龄不超过25周岁，研究生学历放宽至28周岁。

（二）服务内容

招募300名大学生志愿者到福建省三明、南平、龙岩、宁德各县（市、区）的乡（镇）开展为期两年的基础教育、农业科技、医疗卫生、基层青年工作、基层社会管理等方面的志愿服务。

（三）实施步骤

1. 岗位发布（3月1日—5月1日）

（1）服务岗位的申报（3月1日—3月15日）。招募300名大学生志愿者开展为期两年的志愿服务，各地市征集岗位完成后上报省项目办。

（2）岗位公示（3月16日—3月18日）。省欠发达地区计划领导小组办公室将于

3月16日至3月18日向社会公示岗位信息。

(3) 岗位发布及启动招募(5月1日)。省项目办根据岗位公示情况,最终确定当年"欠发达地区计划"服务岗位。省项目办在此期间,将通过福建省毕业生就业创业公共服务网公布岗位,启动招募工作。

2. 组织报名(5月1日—5月31日)

(1) 报名时间。5月1日00:00至5月31日23:59。

(2) 报名方式。依托专题网站,实行网上报名。符合招募条件的高校毕业生,在报名时间内登录专题网站查询招募岗位信息,选择合适的岗位报名。

(3) 报名要求。报名人员认真阅读报名公告后,严格按照招募岗位的资格条件和专业要求,翔实准确地填写报名信息,报名人员对本人所提交信息的真实性负责,不得弄虚作假。

3. 审查考核(6月1日—6月19日)

(1) 省内高校毕业生。报名同期,由报名人员所在院校项目办(校团委)按照《福建省大学生志愿服务欠发达地区计划审核办法》(登录专题网站查询),对报名人员进行资格初审。报名结束后,对通过初审人员统一进行考核,于6月19日前完成考核并通过专题系统提交至报名岗位所在设区市项目办复核。

(2) 省外高校福建生源毕业生。报名同期,由报名人员下载打印本人报名表,连同《福建省大学生志愿服务欠发达地区计划省外高校福建生源审核办法》(以下简称《省外高校审核办法》)一起提交到所在学校院(系)审核,审核结果于6月19日前寄送或传真至报名岗位所在设区市项目办,由报名岗位所在设区市项目办按照《省外高校审核办法》对报名人员进行资格初审。报名结束后,各设区市项目办根据院校提交材料进行资格复审和考核评分。

4. 确定派遣人员(6月22日—7月10日)

(1) 初选。各设区市项目办,按照量化评分和招募派遣人选产生办法(另行通知),通过系统对报名人员进行量化评分,在满足招聘岗位要求的前提下,依据评分结果确定初步体检人选。

(2) 体检。各级项目办要根据要求,按照就近就便原则,通知并组织初步入选志愿者在三级乙等(含三级乙等)以上的医院,参照公务员录用体检标准,进行集中体检。

(3) 上报。各设区市项目办将经体检合格后确定的人选名单报省项目办备案,经省项目办同意后,确定为拟招募人选。体检不合格的人员,将取消招募派遣资格,并按量化评分名次顺序,依次递补。

(4) 公示。经省项目办同意的人选名单,在专题网站和各设区市项目办官网公示3个工作日,公示无异议的,确定为正式招募人员。

5. 集中培训(7月底)

省项目办将组织"西部计划""福建省大学生志愿服务欠发达地区计划"大学生志愿者参加培训(具体事项另行通知)。大学生志愿者参加培训的情况将纳入年度考核及期满考核的指标中。

（四）日常管理和服务

1. 户口、档案、组织关系管理

服务期间，毕业生户口可根据本人意愿迁往服务单位所在地或家庭户籍所在地或服务单位所在市、县（区）人才服务机构，在迁入地公安机关凭毕业生报到证、毕业证书和户口迁移证办理落户手续。毕业生人事档案可转至中国海峡人才市场、福建青年人才开发中心。本省高校招募的志愿者户口、档案也可保留在条件允许的高校。服务期间，党团组织关系由毕业生凭党团组织关系介绍信转至服务单位。服务期间申请入党的，由乡（镇）一级党组织按规定程序办理。服务期满后，户口、档案和组织关系按照有关规定转迁。

2. 志愿者管理

根据"谁用人、谁受益、谁负责"的原则，省项目办颁发《福建省大学生志愿服务欠发达地区计划志愿者管理办法》作为日常管理的依据。志愿者日常管理和服务工作由服务县项目办具体指导，由服务单位具体承担。服务县项目办具体负责协助服务单位落实志愿者服务岗位、免费住宿以及安全、健康、卫生等后勤保障，帮助解决志愿者遇到的困难和问题，对志愿者的服务工作进行考核评估。服务单位按照本单位有关规定把志愿者作为本单位工作人员进行管理，加强安全教育，给予相应的待遇，负责提出考核初步意见。服务地设区市项目办对服务县项目办的工作进行督促、检查和评估。志愿者所在高校项目办要及时跟踪了解志愿者工作、生活等情况，并积极给予帮助支持。各级项目办要协调一致对志愿者和项目实施进行全程管理。

3. 服务证书

省项目办审核后为"欠发达地区计划"服务期满且考核合格的志愿者统一颁发福建省高校毕业生服务基层项目证书，作为服务期满后享受相关优惠政策的依据。

4. 加强就业服务

各级项目办要积极争取当地党委、政府的支持，做好有关部门协调工作，千方百计为期满大学生志愿者就业创造条件，确保各项就业优惠政策得到落实。同时，要通过建立志愿者人才库，在充分掌握志愿者就业需求的基础上，整合社会资源，包括中华全国青年联合会、中国青年企业家协会等各个方面的资源，引导社会各界关注志愿者、了解志愿者；通过现场招聘会、网上招聘会等形式，将就业信息及时传递给志愿者，为志愿者提供适合的就业岗位。

5. 评选表彰

志愿者服务期满后，根据评估考核的结果对优秀志愿者进行表彰，并推荐参评各类评选表彰活动。同时，省项目办将根据各市、县项目办工作情况，评选"福建省大学生志愿服务欠发达地区计划"优秀组织。

专题三 | 就业机遇

一、"互联网+"背景下的就业机遇

(一)就业信息更加透明,获取便利

传统模式下,就业资源主要聚集在校园这个相对封闭的物理空间里,局限于就业中心大楼、学校就业信息宣传橱窗等场所,只能满足固定人群的需求。互联网以其强大的存储性和交互性,在短时间内迅速吸纳了海量的知识和信息,形成庞大的数据库,这个数据库会根据人们上传的信息而不断扩容。利用互联网平台,人们可以轻松地打破时空限制,将就业信息传播到世界各地,让世界各地的人都能够及时看到就业信息,择优选报。

当下,很多高校设计了求职类应用软件或者大学生就业管理信息系统,向不同专业的学生进行岗位精准推送,实现就业信息推送"按需定制",极大地提高了毕业生求职应聘的针对性和有效性。

(二)就业选择更加丰富,机会显著增多

在信息化时代,互联网技术的广泛应用改变了原有的组织形式,就业选择范围不再集中于机关单位和企事业单位等,人们可以通过网络平台赚取个人收入,同时拥有更自由灵活的时间。因此利用互联网进行创业的平台式就业人群急剧增加。

(三)就业指导更加多样,学生受益匪浅

互联网为大学生的就业指导提供了丰富的教育资源。相对于学校开展的大学生就业指导活动而言,网络教育资源更加新颖、全面,网络上的信息往往更能提高学生的就业积极性,且这样的教育资源更加生动、活泼,具有极强的感染力。目前,有的高校紧跟时代的发展步伐,已经建立了专门的微信公众号、微博账号以及专题网站,并安排专业的就业指导教师进行网站的维护与管理,创造机会让学生通过网络平台接触更多的企业精英以及人力资源管理人员,以更好地为毕业生就业提出切实的指导性建议。

二、国家政策支持下的就业机遇

(一)国家层面高度重视大学生就业问题

习近平总书记多次作出重要指示,对做好高校毕业生就业创业工作提出明确要求。国务院把高校毕业生就业创业工作列为稳增长、促改革、调结构、惠民生政策措施的19项重要督查内容之一,开展了重点督查和跟踪审计。

（二）新常态下就业创业环境良好

当前,中国经济发展进入新常态,推动"大众创业、万众创新"的政策促使一大批新的中小企业和民营企业诞生,这些新兴企业在初创阶段,可能实力一般,但更适合大学生就业。"新常态"下的就业岗位重质量、重技能,而大学生正是实现高质量就业的主体。在新发展理念贯彻实施的背景下,大学生的就业创业大有可为。

三、高校人才培养提供的就业机遇

高校为加强人才培养建设,实施多种促进就业的策略。一是通过多种方式提高大学生的创新创业能力。如设置适应经济社会发展需要的应用型专业、加强实践基地建设、设立创新创业奖励基金等。二是搭建学生实践实习平台,提高学生的实践能力。高校与社会资源的整合,不仅使学生可以经过实习的锻炼成长为用人单位所需要的人才,合作单位也可以从实习学生中找到需要的人才,提前储备人才。三是完善就业服务体系,为学生提供全方位的就业指导服务。高校普遍开设"大学生就业创业指导""大学生职业生涯规划"等课程;举办就业大讲堂,邀请职业规划领域的专家、企业成功人士为学生进行面对面的专门指导;通过就业信息网、微博、微信等现代化媒介为学生打造信息化就业平台。

课 后 实 践

一、就业市场与政策调研

1. 小组调研活动

按照4~6人一组的方式进行分组。以小组为单位,收集区域创业优惠政策、就业现状,进行调研并填写调研信息统计表(表1-1)。要求为:能够运用恰当的调研方式;能够准备调研的工具和相关资料;能够对收集的信息进行整理分析,总结大学生就业现状;能够撰写规范的调研报告。

表 1-1 调研信息统计表

调研方式	区域	调研工具	调查内容

2. 职业评价

每个人畅所欲言,尽可能多地找到处在不同阶段的标志性职业,将结果填写在下列横线处。

(1)"曙光"职业有:
_____
_____

(2)"朝阳"职业有:
_____
_____

(3)"如日中天"职业有:
_____
_____

(4)"夕阳"职业有:
_____
_____

(5)"黄昏"职业有:
_____
_____

(6)"流星"职业有:
_____
_____

(7)"恒星"职业有:
_____
_____

(8)"昨夜星辰"职业有:
_____
_____

二、案例分析

请对以下案例进行分析。

在某高校,三位学生甲、乙、丙针对大学生毕业后面临的不同就业挑战进行了深入讨论。他们参考了一份研究报告,该报告对那些有就业意愿但未能顺利找到工作的大学毕业生进行了分类,统称为"毕业漂族"。这个群体大致可以分为三种情况:第一种是那些选择继续教育来提升自己的职业资格以获得更好的职位机会的毕业生,这部分人大约占了毕业漂族总数的30%;第二种是选择接受短期雇佣或频繁更换职位的毕业生,占总数的20%;第三种,也是比例最大的一种,是那些既没有继续深造的打算也难以找到工作的毕业生,他们占了50%。尤其是第三类毕业生,由于缺乏必要的职业技能和心理承受力,他们在就业市场中面临的困境尤为严峻。

对此,甲认为第一类人群虽然面临不少挑战,但他们之间的相互支持和明确的目标让他们成为一个相对稳定的集体;

乙观点认为第二类人虽然处于不断的职业试探和调整中,但这种状态有助于他们最终融入社会和适应复杂的就业环境;

而丙则特别指出,第三类人由于就业能力不足和心理脆弱,在未来的就业市场中可能会面临更多的挑战,因此需要社会给予更多的关注和支持。

问题:

(1) 你的社交圈中是否存在被称为"毕业漂族"的人群?他们面临着哪些典型的生活和就业挑战?请分析他们的生活状态。

(2) 评估一下你自己未来可能成为"毕业漂族"的概率。考虑当前的就业政策和你的个人情况,你如何看待自己的职业前景?

模块二

求职准备

(1) 了解就业流程。
(2) 掌握就业信息的特征和主要内容。
(3) 掌握收集就业信息的原则与途径。
(4) 学会撰写简历和求职信。

内向的小周

小周是某高校2023届的毕业生,学习成绩较好,连年获得奖学金,甚至还获得过国家奖学金。他与同学们一起参加了几次招聘会,眼看同学们一个个有了心仪的工作,而他不但没有落实用人单位,而且有的用人单位还对他这个"优等生"冷言冷语、不屑一顾,小周心里非常难过。

为什么会出现如此的局面呢？小周经过分析,认为自己找到了原因:自己来自偏远落后的农村,没有什么可用的人际关系；个子矮、长相不好、性格内向、不善言辞；等等。总之,他认为自己除了学习好,再也没有其他优势了。他感到对不起含辛茹苦的父母,自卑感油然而生,害怕再到人才市场。直到毕业前,小周没有再迈出校门,多数时间在宿舍睡觉或上网玩游戏。

老师发现小周的情况后,对他进行了辅导,帮助他正视了其问题所在。随后,小周走出校门,终于在深圳找到了一份专业对口的工作。

【点评】

小周因学习成绩好,起初对找工作是满怀信心的,但随着求职的失败,他开始找自身的原因,夸大了自身的不足之处,产生了强烈的自卑感,进而出现了求职恐惧。其实,小周从开始求职时就是比较盲目的,他缺乏对就业形势和具体用人单位的了解,也缺乏对自己全面客观的认识。在求职前,大学生应该做好充分的准备,正确认识自我。在求职遇到挫折时,大学生应进行及时调适,勇敢地面对就业挑战,而不是自暴自弃。

专题一 就业的流程和手续

在就业过程中,大学生需要走过多个重要步骤,包括信息收集、自我分析、确立职业目标、准备自荐材料、参与招聘活动、参加笔试和面试、签署就业协议,以及最终报到上班。每一步的成功执行都是实现职业目标的关键。

一、信息收集

信息收集是求职活动的起点。大学生需要利用多种渠道来获取关于行业、职位以及企业的详细信息,这将在本模块的后续内容中详细讲解。

二、自我分析

在收集了必要的信息后,大学生应该结合自身的实际情况,进行深入的自我分析,这一过程包括评估自己的综合素质能力。

(一)综合素质能力评估

综合素质能力包括天生的人格特质和后天形成的行为习惯,这些能力通常表现为较高的稳定性,不会在短时间内有显著变化。理解和评估自己的素质能力对于职业发展至关重要。这些能力包括思维能力、价值判断、自我管理、团队协作、沟通表达、解决问题、应对压力、组织领导和学习能力等。

素质能力是所有职位都需要的,但是不同的职位对素质能力的要求重点不同。例如:销售、采购、市场营销、人力资源管理工作需要更强的沟通表达能力;金融数据分析、研发工作需要更强的分析和推理能力;建筑师、设计师、工程师、司机需要更强的空间判断能力;财务、客服、律师、警察需要更强的细节观察能力;技师、工程师、IT(信息技术)维护员需要更强的动手能力;经理、调度员、行政人员需要更强的组织领导能力;等等。

(二)分析自己的性格和气质

一个人的性格和气质对所从事的工作有一定的影响,如果能从事与自己的性格和气质相符合的工作就易出成绩。

经过几十年的发展,MBTI(迈尔斯-布里格斯类型指标)测试已成为全球著名的性格测试之一,在职业发展、职业咨询、婚姻咨询、高等教育、团队优化、人员培训以及领袖训练等领域有着非常广泛的应用。虽然对于MBTI的信度、效用的研究目前还没有定论,但根据MBTI人格类型可以了解自己的职业倾向。研究数据表明,S-N与T-F两个维度的组合ST、SF、NF、NT与职业选择较为相关。

(1) ST型的人更关注通过实际的方式应用详细资料。

(2) SF型的人更喜欢通过实践的方式帮助别人,更关注自己的管理、督导技能,以发展和促进同事之间有效的工作关系。

(3) NF型的人更希望帮助人们成长、发展、学习如何更好地了解自己和他人。

(4) NT型的人更关注理论框架,喜欢挑战,善于运用管理技巧。

MBTI将人分为16种人格类型,其对应的职业倾向见表2-1。

表2-1 16种人格类型的职业倾向

ISTJ	ISFJ	INFJ	INTJ
● 管理者 ● 执行者 ● 会计 或者其他能够让他们可以利用自己的经验和对细节的注意完成任务的职业	● 教育 ● 健康护理(包括生理、心理) 或者其他能够让他们运用自己的经验去帮助别人的职业,这种帮助是协助和辅助性的	● 宗教服务 ● 咨询服务(包括个人、社会、心理等) ● 教学/教导 ● 艺术 或者其他能够促进他们情感、智力或精神发展的职业	● 科学或技术领域 ● 计算机 ● 法律 或者其他能够让他们运用智力创造和技术知识去构思、分析和完成任务的职业
ISTP	ISFP	INFP	INTP
● 熟练工种 ● 技术领域 ● 农业 ● 执法者 或者其他能够让他们亲手操作、分析数据或事情的职业	● 健康护理 ● 商业 ● 执法者 或者其他能够让他们专注于细节、友善服务他人的相关职业	● 咨询服务 ● 写作 ● 艺术 或者其他能够让他们运用创造力和体现他们的价值观的职业	● 科学或技术领域 或者其他能够让他们基于自己的专业技术知识独立、客观分析问题的职业

(续表)

ESTP	ESFP	ENFP	ENTP
● 市场营销 ● 熟练工种 ● 商业 ● 执法者 或者其他能够让他们利用行动关注必要细节的职业	● 健康护理 ● 教学/教导 ● 教练 ● 儿童保育 ● 熟练工种 或者其他能够让他们利用外向的天性和热情去帮助那些有实际需要的人们的职业	● 咨询服务 ● 教学/教导 ● 宗教服务 ● 艺术 或者其他能够让他们利用创造力和交流能力去帮助促进他人成长的职业	● 科学 ● 管理者 ● 技术 ● 艺术 或者其他能够让他们有机会不断迎接新挑战的工作
ESTJ	ESFJ	ENFJ	ENTJ
● 管理者 ● 行政管理 ● 执法者 或者其他能够让他们运用对事实的逻辑和组织完成任务的职业	● 教育 ● 健康护理 ● 宗教服务 或者其他能够让他们运用个人关怀为他人提供服务的职业	● 宗教服务 ● 艺术 ● 教学/教导 或者其他能够让他们帮助别人在情感、智力和精神上成长的职业	● 管理者 ● 领导者 或者其他能够让他们运用实际分析、战略计划和组织完成任务的职业

需要注意的是，MBTI测试的职业倾向描述都是从大的类别着手的，在使用该测试了解自己的职业倾向时，不要囿于描述类别的名词，更重要的是要看到这一类别职业的特点。因为，在现实生活中职业的名称千变万化，即使名称相同，职业的要求也可能因公司的不同而相异，所以只有知晓适合自己性格类型的职业特点，才能灵活地运用这一理论帮助自己选择职业。

气质是与生俱来的，具有相对的稳定性。希波克拉底提出气质的四种类型各有特点，它们与职业有着一定的匹配关系（表2-2）。

表2-2　气质与职业的匹配关系

气质类型	胆汁质	多血质	黏液质	抑郁质
气质特点	热情直率、急躁、外向	活泼、好动、敏感	稳重、自制、内向	安静、情感内敛、办事认真
适合的职业	导游、销售员、勘探员、外事接待员、作家、诗人、演员、音乐家、画家、军人等	政府及企业管理人员、外交人员、公关人员、节目主持人、警察、服务员等	外科医生、法官、财会人员、统计人员、播音员等	打字员、校对员、检查员、统计员、化验员、机要员、档案员、看守人员等
不适合的职业	单调或过于细致的工作	长期安坐的细致工作	富于变化或挑战性大的工作	热闹、繁杂环境下的工作

（三）明确价值取向

对于每个求职者来说，明确个人的价值取向是至关重要的。这意味着需要理解自己在哪些方面希望实现发展，以及想成为怎样的人。具体来说，就是识别出那些能够带来满足感的活动和自己的价值标准

（四）展示自我优势

有效的自我展示是就业成功的关键。这包括了解和识别自己的优势与劣势，并在求职过程中发挥自己的长处，避免短板暴露。自我认知的深度直接影响到职业定位的准确性。了解自己的兴趣、需求、动机、价值观、能力、气质和性格等多方面因素，这些因素将决定职业理想的方向和发展路径。通过深入的自我探索和分析，个人能够明确自己的职业定位，从而设定适合的职业目标，规划合理的职业路线，对整个职业生涯进行系统的规划。

三、确立目标

自我分析的根本目的是帮助个人确立明确的职业目标。为了成功设定这些目标，大学生应从三个主要方面进行思考。

（一）地域范围的选择

首先，需要决定是在沿海城市还是内陆城市就业，或是选择留在本地或外地工作。这一决策不仅要基于个人的生活习惯和未来发展预期，还需考虑政策规定的适用性。这有助于确保所选择的地域能够支持个人职业目标的实现。

（二）行业范围的确定

其次，大学生需要决定是在本专业领域内寻找工作机会，还是跨专业进入其他行业。可能的职业选择包括技术岗位、管理岗位、社会服务岗位、教学或科研等。在这个阶段，重点考虑的因素应该包括个人的综合素质、能力、兴趣和特长。

（三）单位类型的选择

最后，求职者需要选择是加入大型企业还是小公司，是国有企业、三资企业（中外合资、中外合作、外商独资企业）还是民营企业。在选择过程中，应考虑哪些单位将进行招聘、自己是否符合这些单位的条件，以及最希望进入哪一类型的企业工作。

通过设定这三个具体的目标，求职者可以使择业过程更加有目的和有序，避免无目标和被动的就业搜索。这种明确的目标设定有助于在复杂多变的就业市场中保持清晰的职业发展方向。

四、准备自荐材料

确立了职业目标之后，大学生应立即开始准备自荐材料，这是向潜在雇主展示自己的重要步骤。自荐材料主要包括学校推荐表、导师推荐信、求职信、个人简历和相关的

辅助证明材料。学校推荐表和导师推荐信主要展示学校和导师对求职者的认可和支持。求职信则着重表达求职者的职业态度和对应聘岗位的热情。个人简历需详细列出求职者的教育背景、工作经历和其他相关经历,直观展示其过往的成就和经验。辅助证明材料应包括任何可以证明求职者能力和成就的证书或奖项。

自荐材料不仅是展示个人资质的窗口,也是求职者与用人单位进行信息交流的主要方式,是获得面试机会的关键。

五、参加招聘会(或投寄材料)

在招聘会上,求职者有机会直接与用人单位接触,了解单位的发展情况,并根据自己的职业目标选择是否投递自荐材料。有效的参与方式包括选择性地参加招聘会和通过邮寄或电子邮件方式主动发送自荐材料给感兴趣的单位。

六、参加笔试或面试

在招聘过程中,用人单位可能会通过笔试来测试求职者的专业知识水平。面试则用来评估求职者的综合素质,如表达能力、思维能力和处事能力等。因此,大学生在面试前需要进行充分的准备,包括知识复习和形象打造。

七、签订就业协议

一旦求职者通过笔试和面试环节被选中,用人单位将发放录用通知。此时,求职者可以根据自己的意愿与用人单位签订就业协议,正式确定就职关系。这标志着就业流程的成功完成,也是职业生涯的一个新起点。

(一)就业协议书的内容和作用

1. 就业协议书的内容

《全国普通高等学校毕业生就业协议书》(以下简称"就业协议书")一般由教育部或各省、自治区、直辖市就业主管部门统一印制,是明确毕业生、用人单位和学校在毕业生就业工作中权利和义务的书面表现形式,也是学校编制就业计划和派遣毕业生的依据。就业协议书一般统一制表,学校、用人单位和毕业生分别留存。

《全国普通高等学校毕业生就业协议书》见表2-3。

表2-3 全国普通高等学校毕业生就业协议书

甲方 (毕业生)	姓名		出生年月		学制		学 历	
	性别		培养方式		民族		联系电话	
	专业			生源所在地				

(续表)

	单位名称		单位隶属	
乙方 (用人 单位)	单位组织 机构代码		联系人	
	单位性质			
	单位地址		联系电话	
	档案转寄地址		邮政编码	
	毕业生落户地址			
丙方 (学校)	学校名称		通信地址	
	联系人	联系电话	邮政编码	
毕业生意见： 经办人： 年 月 日	用人单位意见： 经办人： 年 月 日	市人事局(省直主管厅局、中直单位人事部门)意见： 经办人： 年 月 日	学校意见： 经办人： 年 月 日

2. 就业协议书

就业协议书是一个重要的法律文件，它在大学生就业过程中扮演着核心角色，主要用于明确高校大学生、用人单位以及学校三方在就业活动中的权利与义务。

(1) 对大学生的作用。就业协议书规定了大学生的职责和权利，确保他们了解自己的工作职责和待遇。根据协议内容，大学生需要在规定的时间内到达用人单位报到，并开始其职业生涯。这一过程中，协议书为大学生提供了一份明确的职业路径指南和法律保障。

(2) 对用人单位的作用。对于用人单位，就业协议书帮助他们按照既定的条款安排大学生的接收与就业。这包括工作分配、培训安排以及其他必要的接待措施，确保新员工能够顺利融入工作环境。协议书也为用人单位提供了一个法律框架，以便在出现任何职场问题时，有明确的解决和应对指导。

(3) 对学校的作用。学校在就业协议书中的角色主要是提供就业指导和支持。根据协议内容，学校需要制定就业建议方案，并将其提交给省级就业主管部门进行审核。此外，学校还负责协助大学生办理就业手续，包括户口和档案的迁移等，确保学生能够顺利过渡到职场生活。

(二)签约流程

大学生与用人单位签约的流程如图 2-1 所示。

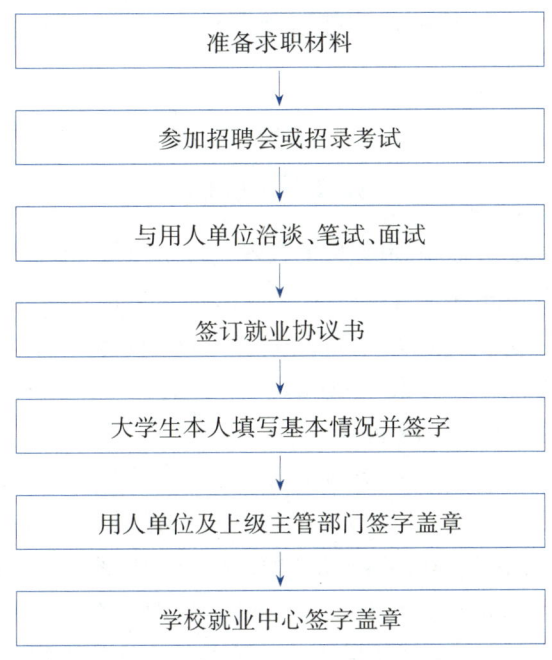

图 2-1 大学生与就业单位签约流程

(三)签约的注意事项

签订就业协议书是一个重要的过程,需要大学生在做出决定前仔细考虑和准备。以下是五个关键的注意事项。

1. 三思而后行

在签订就业协议书前,大学生应该详细了解用人单位的背景,包括其用工制度、工作条件、地点、待遇以及要求的服务年限等。这些因素都是影响职业生涯的关键点,因此必须在了解清楚并考虑周全后才做出签约决定。

2. 核实用人单位信息

签约前,必须与用人单位仔细核对协议书中的所有信息,确保如单位全称、档案转寄单位名称、户口迁移地址等内容的准确无误。信息的准确性直接关系到后续的户口、档案等重要手续的顺利处理。任何信息的误填都可能导致未来的行政或法律问题。

3. 如实介绍自己的情况

如果大学生有其他职业发展计划如研究生考试或专升本考试,应在签约时明确告知用人单位。这些信息应在就业协议书中明确记载,以避免将来出现任何因信息不明确而引起的纠纷。

4. 特殊约定的明确

对于双方协商一致的特殊约定,应详细记录在补充协议中,并由双方签字盖章确认。这不仅保证了协议的完整性,也保护了双方的法律权益。大学生在这一过程中应与用人单位充分沟通,确保所有条款都清晰明确,以防未来可能出现的任何误解或争议。

> **案例分享**
>
> ### 协议不是废纸
>
> 在2019年11月,小周通过参加某报社的招聘考试,并成功通过后,当天签订了两份重要文件:《全国普通高等学校毕业生就业协议书》和一份聘用协议。这标志着她与该报社之间就业关系的开始。然而,情况并未如预期般发展。到了2020年6月,也就是高校毕业生就业季节结束时,小周并未如约到报社报到。原因是她已选择加入另一家报社工作。
>
> 随后的几个月,原报社在观察到小周未能履行合约后,于2020年7月发出正式通知,要求她履行先前签订的协议。当未能得到任何明确回应后,报社在9月选择通过法律途径解决问题,向法院提起诉讼,指控小周违反合同义务。法院在10月28日审理此案,最终裁定小周违反了《中华人民共和国合同法》,应承担相应的违约责任。这一案例清楚地展示了就业协议的法律效力以及对未履行合约行为的法律后果,强调了双方按协议履行义务的重要性。
>
> 【点评】
>
> 由于《全国普通高等学校毕业生就业协议书》通常涉及毕业生、用人单位及学校三方,其法律定性相对复杂,使得司法干预的准确性和严谨性成为挑战。在这种背景下,报社显示出了高度的法律意识,明智地与大学生签订了补充聘用协议,以确保在就业协议书未能清晰界定职务关系的情况下,双方的权利和责任仍得到充分保障。这一做法凸显了补充协议在聘用过程中的重要性,其法律效力与劳动合同相当,能够在发生纠纷时提供法律支持。因此,对于高校毕业生而言,在签订任何就业协议及其补充文档时,必须展现出极高的谨慎性。他们需要深入理解协议内容,确保所有条款都被仔细考虑并完全理解,以避免因草率签约而导致的潜在法律风险和责任。此案例教训重大,提示即将步入职场的毕业生在签约前必须全面评估其职业决策的后果。

5. 注意协议的有效性

就业协议书作为三方法律文件,只有在学校、学生以及用人单位都签署之后才具有法律效力。通常情况下,学校和学生的签字较为顺畅,关键在于用人单位的签章是否合法和完备。签章的有效性核心在于该单位是否拥有聘用人员的权限。具体到实践中,市属及以下级别的用人单位,其就业协议书需要得到当地人力资源和劳动保障局的认证;对于中央直属和省级直属单位,则必须由其主管部门进行盖章确认。

(四)解约手续的办理

1. 就业协议书

就业协议书是大学生在求职过程中与用人单位协商并自愿签署的法律文件,一旦签署,对于三方均有法律约束力,无论哪一方都不得单方面解除或违背。一旦违约,相关方需承担相应的法律责任。违约情形主要包括以下三种。

(1)大学生若在与用人单位签订协议后,未能在就业协议上加盖学校就业中心的公章,且以文件丢失或其他理由向学校申请重新获取协议并更改择业方向的,通常视为违约。

(2)协议一旦生效,大学生应立即将其递交给用人单位。如果未递交并选择其他用人单位,这也被视作违约行为。若因未及时递交协议书导致被用人单位拒绝接收,相应的后果需由大学生自行承担。

(3)对于那些已与用人单位签约但后被录取为研究生或本科生正在读书的学生,除非在签约时已在协议上注明"若本人被录取为研究生或进行学历提升,则此协议失效"或有其他类似条款,否则也将按违约处理。

2. 解约流程

解约流程如图2-2所示。

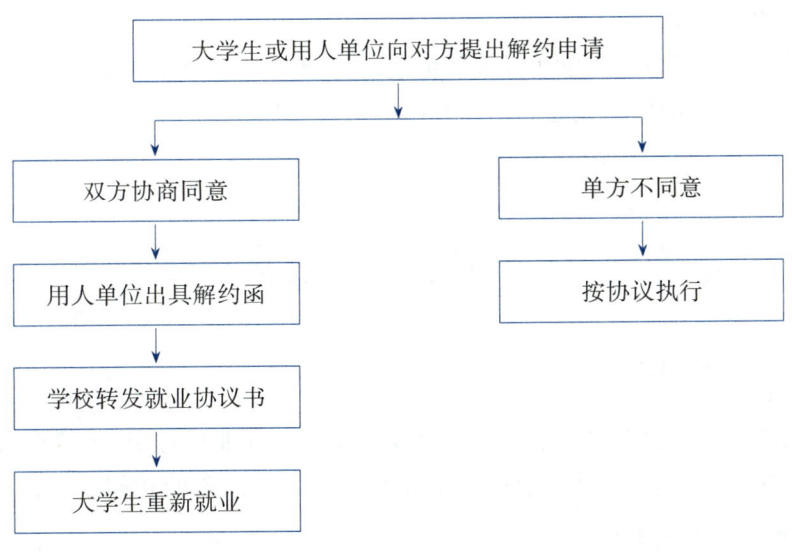

图2-2 解约流程

八、报到上班

(一) 大学生离校手续

大学生离校前应办理好如下手续：

(1) 户口、档案迁移；

(2) 体检；

(3) 领取毕业证和学位证；

(4) 清还各类款项；

(5) 注销各种学生证件；

(6) 办理国家助学贷款的，要在离校或合同到期前按期清贷，确因特殊困难无法还贷的，须征得经办行同意并办理延期手续。

(二) 大学生报到手续

1. 已落实工作单位的大学生报到程序

报到时需要的材料如下：①毕业证书（本科及以上学历需准备学位证）原件及复印件；②户口迁移证；③就业协议书（接收函或接收证明）；④党（团）组织关系介绍信，根据党（团）章规定，党（团）员因工作等原因调动必须转移正式组织关系，参加组织活动，行使党（团）员权利，履行党（团）员义务；⑤用人单位要求提供的其他材料。

大学生应在规定时间内，持以上材料到用人单位报到。

2. 未落实单位的大学生报到程序

大学生毕业时暂未找到接收单位，要求将档案派遣回原籍的，需要在生源所在地就业部门办理相关手续。

没有落实就业单位的大学生在离校前也要转出党（团）组织关系。一般情况下，其可将组织关系转往居住地（街道、乡、镇）的党（团）组织。

专题二 ｜ 就业信息的收集与筛选

一、就业信息概述

就业信息对于大学生求职来说十分重要。在求职择业过程中，虽然个人能力是实现顺利就业的关键因素，但就业信息全面与否也关系择业、就业和创业的成败。

(一) 就业信息的概念

就业信息，是指在择业的准备阶段，经过加工整理，成为求职者所选择从事的职业或工作岗位的有价值的资料、情报等的总和。

根据不同的划分标准,就业信息可分为广义信息、狭义信息或外部信息、内部信息。

广义的就业信息是指大学生在校学习的过程中接收的各种有关职业的信息和所学的知识。狭义的就业信息是指大学生在毕业前夕大量获得的对就业有价值的信息。外部就业信息是指大学生通过各种途径获取的关于用人单位的信息。内部就业信息是指大学生对自身情况的了解、分析和评估结果。

(二)就业信息的作用

随着大学生就业的进一步市场化,用人单位择人与大学生择业的自主权已得到进一步的强化,大学生如果没有掌握准确可靠的需求信息,就无法掌握自主择业的主动权,无法进行理想的职业选择。可以说,求职竞争在一定意义上就是获取就业信息的竞争。谁获得的信息数量多,求职的选择面就宽;谁获得的信息质量高,求职成功的把握性就大;谁获得的信息及时,求职的主动性就强。对于大学生来说,就业信息有以下五个方面的作用:

第一,有助于大学生求职择业目标的实现;

第二,能够增强大学生学习的目的性和自觉性;

第三,是大学生进行就业或创业决策的依据;

第四,有利于大学生准确把握住市场机遇;

第五,有利于大学生调整职业目标。

二、就业信息的内容

就业信息的内容涉及面广,初次择业的大学生,应主要了解以下六个方面的就业信息。

(一)就业政策与法规

1. 国家的就业方针、原则和政策

就业政策影响着大学生就业的出发点和归宿,是大学生首要了解的内容。

党的十九届五中全会强调,强化就业优先政策,千方百计稳定和扩大就业,完善重点群体就业支持体系,其中促进高校毕业生就业是就业工作的重中之重。为贯彻落实党中央、国务院稳就业保就业的决策部署,教育部于2023年12月2日印发了《教育部关于做好2024届全国普通高校毕业生就业创业工作的通知》,决定实施"2024届全国普通高校毕业生就业创业促进行动",进一步完善高校毕业生就业支持体系,全力促进高校毕业生更加充分、更高质量就业。

2. 就业法律法规的了解

大学生应深入理解并运用相关的就业法律法规来保护自己的合法权益,减少不必要的损失。这包括熟悉《中华人民共和国劳动法》《中华人民共和国反不正当竞争法》《中华人民共和国劳动合同法》及《中华人民共和国国家公务员暂行条例》等关键法规。

3. 地方用人政策

各地根据国家规定和地方实际情况,为大学生制定了具体的引进、安排及待遇政

策。许多地区为吸引人才,推出了优惠政策,这些都是大学生应了解并利用的资源。

4. 学校规定

为促进大学生的学习积极性和确保就业成功,学校依据国家政策,制定了一系列补充规定。这些规定旨在引导学生遵循正确的就业途径,是每位学生必须遵守的规范。

(二)就业技巧

1. 了解就业指导机制

大学生应该清楚大学生的就业是由地方、学校的什么部门或什么机构来负责管理指导的,这样,当大学生在求职过程中遇到困难和问题时,就可以及时向有关机构咨询。

2. 熟悉就业程序

明确大学生就业流程及相关手续的办理,如什么时间开始联系单位、签订就业协议必须履行哪些手续等。

3. 掌握供求信息

(1)了解国家发展战略;了解社会经济发展形势;了解产业的分类与结构及变化趋势;了解社会各行业、各企业经营状况;了解职业的分类与结构,以及目标职业发展的趋势。

(2)了解当年大学生就业市场总的供求形势,即当年高校毕业生总数和用人单位的总需求,尤其要重点了解本校、本专业的社会需求情况及用人单位对大学生的基本要求等。

(3)了解本专业的培养目标、发展方向、就业范围,以及对口单位的情况。

(三)用人单位信息

大学生在选择用人单位时,应综合考虑多个方面的信息,以避免常见的错误,如仅依据单位的地理位置或名气作出决策。具体来说,以下关键信息点对于做出明智的职业选择至关重要。

① 单位的全称和准确信息:了解单位的正式名称可以避免混淆和误解。

② 单位的隶属关系:了解单位的上级主管部门,可帮助评估单位的管理层级和人事政策。

③ 联系方式:包括人事部门的联系电话、地址和邮政编码,便于直接沟通。

④ 所有制性质:单位是国有、私有还是外资等,这关系到工作环境和政策适用。

⑤ 专业人才需求和岗位:具体了解单位需求的专业领域和岗位职责。

⑥ 对人才的具体要求:包括教育背景、技能和经验等。

⑦ 单位的规模和前景:包括发展潜力、地理位置和业务范围。

⑧ 福利待遇:明确工资结构、福利和奖金等,这直接影响工作的吸引力。

⑨ 单位负责人的背景:了解负责人的事迹和理念,可以对单位的管理风格和文化有所把握。

⑩ 发展历程和企业文化:单位的历史和文化影响其业务执行和员工行为。

⑪ 竞争对手和挑战:了解所在行业的竞争格局和面临的主要挑战。

掌握这些信息不仅能扩大就业选择，还能提高求职成功率，是对大学生能力的实际检验。

（四）岗位信息

岗位信息是求职者决策过程中的关键要素，包含以下四个重要方面。

① 岗位名称及其在业务流程中的角色：明确岗位的职责范围及其在组织中的位置，有助于评估工作的重要性和影响力。

② 岗位要求：这涉及到胜任工作所需的技能和能力，包括教育背景、专业技能、工作经验等。

③ 薪酬与晋升途径：了解岗位的薪资水平及主要的晋升渠道，对于职业规划尤为重要。

④ 考核关键点：掌握岗位的评估标准和考核要点，可以帮助求职者更好地准备面试和职业发展。

（五）就业活动

关注学校就业活动安排，如什么时候召开企业说明会，什么时候举办招聘会或供需洽谈会。

（六）就业经验

择业"过来人"的择业经验、教训，就业指导教师的体会和建议等，都会为大学生的成功就业助一臂之力。

三、就业信息的收集

就业信息的收集途径对于大学生而言至关重要，以下是主要的渠道：

（一）社会实践和实习经历

社会实践不仅是理论学习的延伸，也是获取职业信息的重要手段。在实践活动中，通过展现个人能力和建立信任，学生常常能直接获取职业机会。实习阶段则是了解行业动态、企业需求并积累相关信息的关键时期。因此，每一次实习都不仅仅是学习任务的一部分，更应视为探索未来职业道路和收集就业信息的重要机会。

（二）学校就业中心

学校就业中心提供的就业信息通常准确可靠且种类繁多。这些信息不仅及时更新至院系公告或学校网站，也可通过咨询就业中心直接获取。学校还会定期或不定期举办校园招聘会，这为学生提供了与雇主直接交流的平台，能够现场获得最新的职业信息和就业机会

（三）互联网

① 教育部相关网站。教育部相关网站每年提供近 240 万个岗位信息。这些信息都是一些大型企业的用工信息，资料来源可靠。

② 企业网站。有的企业在自己的网站上发布招聘广告，所以目标企业确定之后，

直接通过企业网站去了解该企业信息是最应该做的事情。有时简历也可以通过企业网站直接递交。

③ 社会招聘网站。社会上有一些专业招聘网站,也发布相关招聘信息。

④ 微信公众号。有些企业会使用微信公众号,公众号会及时更新招聘信息,因此可通过关注微信公众号获取招聘信息。

在求职过程中,利用社会关系进行推荐是一个不容忽视的策略。在收集就业信息时,应充分考虑亲朋好友及其他人脉资源,这些关系网中可能隐藏着不为人知的就业机会。许多雇主倾向于聘请那些通过熟人推荐的求职者,认为这种方式更为可靠。因此,一旦有这样的推荐机会,绝对不应错过。此外,由于雇主面对的是大量相似的求职信函,难以快速筛选出最合适的候选人。在这种情况下,通过熟人的推荐使自己脱颖而出,往往能显著增加被关注的机会。

对于大学生而言,主要有三类人可以提供就业信息。首先是亲朋好友,他们通过个人社会关系所掌握的就业信息虽然相对固定,但实际情况也各有不同,需要根据具体情况进行选择。其次,专业教师或导师通常对学生的职业发展方向有深入的了解,并掌握一些企业对专业人才的需求信息。最后,近年毕业的校友,由于他们对人才市场的了解和个人的就业经验,所提供的职业信息通常具有较高的参考价值,尤其是对本专业的学生而言。在求职时,应积极探索这些渠道,以获取更有价值的就业信息。

四、就业信息的筛选条件与方法

在选择就业信息时,大学生应基于全面自我认识和客观自评进行决策。首先,专业知识作为关键因素,它不仅是个人职业竞争力的重要组成部分,也常是雇主和求职者共同考量的标准。因此,确保所选择的工作与所学专业相符是至关重要的。其次,对工作的兴趣能够显著提升个人的工作效率和持久性,但同时也需要考量个人的实际能力是否匹配心仪的职位。此外,性格特征对职业选择同样至关重要,不同性格类型的人适合不同的职业环境和工作类型。

除此之外,个人的具体需求,如对企业性质、规模、地理位置等的偏好,也应成为筛选就业信息时的考虑因素。

案例分享

性格与职业

2019年,某科技有限公司通过公开招聘录用了两名刚毕业的大学生小张和小刘。公司人事部门决定让他们从事市场营销工作,因为在填写工作申请表和面谈的过程中,他俩都表示愿意从事销售工作。小张和小刘存在明显的个性差异。小张较为外向,热情开朗、善于交际;而小刘较为内向,爱思考,不愿意同别人多说话,比较喜欢独处。

2020年，工作满一年后，小张已经完全适应了销售的工作，工作做得得心应手，成绩出色，并被提升为部门副经理。小刘的表现则较为一般，虽然能够完成上级交代的任务，但缺乏主动性和积极性，后来在与人事部门的谈话过程中，小刘提出了辞职。人事部门的负责人私下进行了了解，得知小刘的钻研精神很强，十分善于进行发明创造。人事部门负责人经过请示后，将小刘调入公司的研究开发部门工作。进入新岗位的小刘工作热情高涨，不到一年的时间，他的两项发明就为公司创造了200多万元的价值。

【点评】

性格与职业的关系是密切的，不同的性格类型适合从事不同的职业。小张性格外向开朗，适合销售的工作。小刘性格内向爱钻研，适合做科研工作。可见性格决定着职业生涯的长远发展。

（二）就业信息的筛选方法

在就业信息筛选的过程中，大学生应当采用一套综合的筛选和处理策略，以确保获取到的信息是真实可靠且有助于自己的职业选择。

首先，对收集到的就业信息进行有针对性的比较和选择是基本步骤。这包括区分那些来源不明或未经证实的信息与那些基于可靠来源的信息。在此过程中，重要的是将个人的性格、兴趣和特长与不同的就业信息进行匹配，以找到最适合自己发展的职业机会。

其次，对就业信息进行系统的整理和分类是必不可少的。就业信息的内容广泛，涉及政策、专业要求和用人单位的期望等多个方面。通过将这些信息进行分类，可以更有效地对其进行深入分析。

接着，就业信息的分析应从三个层面进行。

① 可信度分析。评估信息的来源是否可靠。通常，学校就业机构提供的信息可信度较高，而其他渠道的信息可能需要进一步的核实。

② 效度分析。判断所获取的信息是否实用，例如，该信息是否符合当前的就业政策和市场需求。

③ 内涵分析。深入理解信息的具体内容，包括用人单位的性质、对应聘者的具体要求和任职条件等。

最后，对于收集到的信息，及时进行反馈处理是关键。及时分析并反馈有助于更快适应就业市场的需求，提高就业成功率。整个过程中，大学生应保持主动和灵活，利用有效的信息筛选策略，为自己的职业发展打下坚实的基础。

专题三 就业材料的准备

一、简历

个人简历是对自己生活、学习、工作的概括。制作个人简历的真正目的是让用人单位全面了解自己,从而为自己创造面试机会,最终达到就业目的。用人单位每年都要面对堆积如山的求职简历,因此用人单位看简历的时间十分有限。他们往往先会"以貌取人",看简历写得如何,是不是"干净利索";再看个人信息、求职意向、学习经历、工作经历;最后判断求职者的能力、潜力和性格特征等。这个过程往往只有几分钟甚至几十秒。因此,一份有效、出色的简历能帮助求职者从众多竞争者中脱颖而出。

(一) 简历的内容

在撰写简历时,大学生应包含以下五个核心部分,以全面而有效地展示自身的资历和能力:

1. 个人基本信息

这一部分应包括姓名、出生年月、性别、籍贯、民族、最高学历、政治面貌、毕业学校、专业以及联系方式等。这些信息为雇主提供了求职者的基本框架和背景。

2. 求职目标

求职目标应明确且醒目地表达在简历中的位置,直接指出希望应聘的具体职位,如"求职目标为临床护士"。如果有多个相关领域的求职目标,应确保这些目标在同一职业领域或相似职级,以避免给雇主一种目标不明确的印象。

3. 教育背景

这部分详细记录了从高中到就业前所获得的最高学历的教育经历,包括学习的时间、学校和专业。应采用时间倒序的方式排列,突出最近的学习经历,并强调与求职职位相关的专业课程和成绩,如有必要,可突出显示与职位相关的重要课程和资格证书。

4. 工作经历及荣誉

工作经历包括全职、兼职、实习及项目经验等,应选择与应聘职位密切相关的工作经历来展示。此外,应包括在学校中获得的荣誉和参与的校园活动,这些经历可以成为简历的亮点。在描述工作经历时,建议使用 STAR 原则(Situation, Task, Action, Result),以清晰地展示经历的背景、任务、行动和结果。

5. 自我评价

在自我评价部分,应简洁明了地展示自己的核心优势和能力。避免使用过于泛泛的描述,应具体指出自己的实际技能和实力,使雇主能够清晰地看到求职者的价值。

> **案例分享**
>
> **某护理专业学生的自我评价**
>
> 　　对每位患者都细致入微地进行护理,保持了良好的护患关系;尊重师长,并与同学们和睦相处,构建了一个快乐的社交圈。此人热情大方,诚实可靠,乐于助人,遵循高尚的人际交往原则。积极参与多种有益活动,通过不断的实践来增广见闻,提升组织和协调能力,展现出杰出的团队合作能力。
>
> 【点评】
>
> 　　这种表达方法的特点较为复杂且多样,内容杂糅在一起,使得记忆变得不便捷,也无法突出其优势。
>
> **某英语专业学生的自我评价**
>
> 　　学习表现出色,英语口语流畅,并拥有接待外国来宾的经验。在工作中表现认真且细致,态度专注,具备出色的团队合作能力。此外,具有天生的表演才能和丰富的舞台经验,是学院文艺活动中的核心成员。
>
> 【点评】
>
> 　　表达应简练,要突出特点且让人印象深刻。

(二) 简历的类型

尽管所有的简历都由相似的内容组成,但是不同类型的简历具有不同的效果。应考虑到招聘单位挑选心仪人选时的标准,选择能增加成功可能性的简历类型。不同类型的简历可以突出不同的优点。下面简单列举六种不同类型简历的特点和适用情况。

1. 时间顺序型简历

这是一种传统的简历形式,主要按照时间顺序罗列求职者的教育背景和工作经历。其优点是格式规范、信息全面,容易被多数招聘单位接受和理解。

2. 技能型简历

此类简历重点展示求职者掌握的与职位相关的技能。特别适合于应聘那些对特定技能有明确要求的职位,能有效突出求职者的专业能力。

3. 技术型简历

这种简历强调求职者的技术训练和操作能力,通常包括详细的课程学习内容、专业理论及实操方法。适用于技术要求高的岗位,如工程师或技术员等。

4. 经验型简历

适合那些拥有丰富工作经验的求职者。简历中主要按时间倒序展示过去的工作职责和成就,重点在于展示个人在实际工作中的操作和解决问题的能力。

5. 成绩型简历

这种简历专注于求职者在以往工作中取得的具体成绩和项目经验,特别适合那些对业绩有高要求的职位,能够突出求职者的成就和专长。

6. 学术型简历

如果申请与学术或研究相关的职位,求职者需要使用学术型简历,其中重点介绍自己的学术资格、参与的研究项目及公开发表的论文和专著。

(三)简历的撰写技巧

1. 长度控制

对于大部分大学生而言,一张一页的简历足以概述其教育背景和有限的工作经验。即便是经历较为丰富的学生,两页的简历也已足够。过长的简历往往包含过多不必要的信息,如非关键的兼职或学生干部经历等,应避免。

2. 突出重点

简历中应突出对职位最为关键的资质和成就。在需要强调的部分,可以通过字体加粗、列表或小标题等方式进行视觉强调,以吸引招聘人员的注意力。

3. 语言简洁客观

简历应客观表述,用词朴实,避免使用华丽或抒情的措辞。简历的目的是展现个人能力和经验,不宜包含过于主观或情感化的表达。

4. 清晰的结构

简历应遵循一定的结构顺序,如个人信息、求职意向、教育背景、工作经验和个人评价等。这种顺序符合大多数招聘人员的阅读习惯,有助于他们快速找到关键信息。

5. 互审消歧

简历中的错别字或表述歧义可能会给招聘人员留下不专业的印象。通过与同学或朋友交换简历进行互审,可以有效避免这类问题,确保简历的准确性和专业性。

(四)简历的外观设计

简历的外观设计对于留下良好的第一印象至关重要,它在一定程度上代表了求职者的专业形象。以下是确保简历外观吸引人且专业的四个关键要点。

1. 简洁性

简历应简洁明了,长度控制在适当的范围内。过长的简历可能会导致关键信息被忽略,因此简历的主要目的是吸引招聘人员的注意力,以争取到面试机会。关键内容应该容易被发现,不应隐藏在多页文档中。

2. 清晰性

简历的格式应简单清晰,避免使用过于复杂或花哨的设计。主要信息应一目了然,以便招聘人员能迅速地找到他们感兴趣的内容。使用适中的字号以确保可读性,而姓名和标题等关键信息可以用稍大的字号来突出。

3. 合理的布局

简历的布局应条理清晰、结构合理。主要内容应在一页纸上清晰展示，以便招聘人员能容易地获取所需信息。在布局时可以采用分栏、表格、框体和阴影等元素来增强视觉效果，同时保持内容的逻辑性和优先级。

4. 优质的材质

使用高质量的纸张和激光打印机打印简历，避免使用复印件提交。优质的打印效果可以增强简历的专业度。通常情况下，应避免使用彩色或过于鲜艳的纸张，除非是申请创意行业，可能需要展示个性和创造力。

（五）需要注意的问题

在撰写简历时需要注意的问题如下。

1. 认真的态度

撰写高质量的简历需要投入大量时间和精力，进行多次修改。资深招聘人员特别看重简历的质量，因此求职者需要以非常认真的态度来准备简历。

2. 反复校对

简历中的错别字和语法错误可能会严重影响招聘人员对求职者的印象。建议求职者请同学、朋友或老师帮忙审阅简历，以检查拼写、语法和句式是否正确，同时也可以从构思角度评估是否有更合适的表达方式。建议将简历打印出来进行校对，以便更容易发现可能在电子版中未注意到的错误。

3. 注意留白

在简历中适当留白可以增强视觉的"强势"，引人注目，同时也方便招聘人员做批注和记录。

4. 简历上重复署名

为防止简历的各页在招聘过程中被分开，建议在每一页的适当位置（如页眉或页脚）注明自己的姓名，以便招聘人员能够容易记住求职者。

5. 精简中学教育背景

尽管中学时期的经历可能丰富，如担任学生会主席等，但在简历中应该精简这部分内容，更多突出高等教育和实习经历。特殊成就，如国际奥林匹克比赛奖项，可适当提及。

6. 避免千篇一律

每年大量相似的简历让招聘人员感到厌烦。求职者应避免制作雷同的简历，展示个人的独立思考和工作能力。

7. 关于手写简历

尽管某些单位可能偏好手写简历以评估个人性格，通常不建议主动采用此方式，除非求职者对自己的书法非常自信。

8. 撰写附信

简历的附信是给招聘人员留下良好第一印象的机会。附信应与简历用同一规格的纸张书写，内容要简洁明了，并以积极乐观的语言结束。务必仔细检查并保存一份备份。

格式一

个人简历

姓名：×××　　性别：×　　　　出生年月：××××年×月

家庭所在地：××××　　　　　身体状况：健康

婚姻状况：未婚　　　　　　　爱好：×××、×××、×××

业余爱好：喜欢登山，是××登山队成员

学历：

××××.×至今在××大学地球物理系主修地球物理专业，辅修国际经济学专业

××××.×至××××.×在××××××中学学习

获奖情况：

××××—××××学年××大学学习优秀奖

××××—××××学年××大学××××奖学金

××××—××××学年××大学×××××奖

英语水平：通过全国大学英语六级考试。具有较强的英语听、说、读、写能力。

计算机水平：取得全国计算机等级考试二级合格证书。能熟练使用Windows系统，能运用Office办公软件进行文字编辑，能运用C语言进行编程。

专业技能：××××

主要社会工作及社会实践：

××××—××××学年担任班级体育委员

××××—××××学年担任班长

××××年×月参与××××公司的市场调查活动，对现代化高质量的优秀企业在目标市场的选择方面有了基本的认识，具备一定的市场调查研究能力。

××××年×月参加学生实践团，赴××省××县考察、体验生活。返校后与同学合作写了数万字的调查报告。此后还在校内组织参与了图片展览，以及为老区希望小学募捐的活动。

附件：

(1) 全国大学英语六级证书复印件。

(2) 全国计算机等级考试二级合格证书复印件。

(3) ××大学学习优秀奖荣誉证书复印件。

(4) ××大学××××奖学金荣誉证书复印件。

(5) ××大学×××××奖获奖证书复印件。

格式二

个人简历

姓　　名		性　　别		出生年月		照片
籍　　贯		民　　族		政治面貌		
身体状况		培养方式		学　　位		
学　　历		毕业学校				

所在院系	
技　　能	
教育经历	
证书/奖状	
实践经历	
所学课程	
自我介绍	
求职意向	
联系方式	

二、求职信

求职信是向招聘者展示自己的一种重要文书,其主要功能是介绍个人,推荐自己,并明确表达求职意向。通过详细说明自己的能力和经验,求职信可以激发招聘者对候选人的兴趣。通常,招聘者在查看申请材料时首先阅读的是求职信,这意味着一封结构良好且内容丰富的求职信可以有效引导招聘者进一步关注你的简历。因此,求职信在形式和内容上都应该精心准备,确保它能够在众多应聘者中脱颖而出,留给招聘人员一个深刻的好印象

(一)求职信的内容及注意事项

一份精心准备的求职信包括以下四个主要部分,每一部分都旨在展示求职者与目标职位的契合度以及对潜在雇主的尊重和了解。

首先,开头部分应明确说明写信的原因,包括你是如何得知该职位的信息、为何想要加入该单位以及你申请的具体职位。这不仅展示了你的信息获取能力,也表明了你对该单位的了解和兴趣。例如,提到你是如何在具体的公众媒介如报纸或网站上看到这个职位的,并结合一些具体的单位动态或行业发展,说明你对该单位的了解和个人职业目标的契合。

其次,进行简短的自我介绍,突出你的教育背景和专业技能,以及这些如何与你申请的职位相匹配。你应该清楚地表明自己可以为单位带来哪些具体的贡献,而不是仅仅强调自己的需求或学习愿望。比如说,可以提到自己在学校的专业学习和相关实践经验如何准备你完成职位所需的具体任务。

接下来,强调你的相关实力,具体说明为什么你适合这个职位。应聚焦于你的专业技能、工作经历及成就,并尽可能地展示具体成果而非过程。避免简单自夸,而是应通过具体例证展示你的能力和成果,使你的介绍更具说服力。

最后,结束语中应提供你的联系方式,并对读者的时间和考虑表示感谢。在求职信的结尾礼貌地表达感谢,可以增加你留下积极印象的机会,尤其是在招聘人员每天需要处理大量申请材料的情况下。

整体而言,求职信应简洁、具体、针对性强,充分体现出你对职位的热情和对单位的尊重,以及你为该职位带来价值的潜力。

2. 撰写求职信的注意事项

(1)引人入胜。求职信的开头必须直接并关注要点,迅速引起招聘者的兴趣。通过强调与招聘需求最相关的经验和技能,确保招聘人员能快速抓住你的核心优势。开门见山地介绍自己,确保招聘人员对你的专业背景和适应该职位的理由有清晰的认识。

(2)言简意赅。撰写求职信的目的是获得面试机会,而不是直接获得工作。因此,

避免写得过长，以免使招聘人员感到阅读负担。尽量保持内容简洁、针对性强，只突出那些对申请职位最重要的信息。

（3）无误字、无错别字。求职信需要展示你的专业性和严谨性，因此务必确保文本无任何语法或拼写错误。精心校对每一个字句，展示你对细节的关注和对职业的认真态度。

（4）避免千篇一律。每个求职信都应针对具体的职位和公司特别定制。避免使用过于通用的模板，这可能导致你的申请看起来缺乏个性和真实性。展现你对该公司的了解，以及你如何与该公司的文化和需求相匹配。

（5）逻辑清晰，避免歧义。在正式发送求职信前，最好让身边的人预先阅读，以检查是否存在潜在的歧义或不清晰的表达。例如，避免使用可能被误解的表述，确保语言直白且恰当表达了你的意图。

（二）求职信的书写格式

1. 称呼

求职信的称呼应正式并且尊重，通常使用"尊敬的××公司人事部"或直接称呼相关负责人的职务及姓氏，如"尊敬的李经理"。避免使用非正式的称谓，如"老前辈"或"师兄"等。

如果明确知道对方的学术或专业称号，如"博士"或"硕士"，可以使用这些称呼，以显示出对对方学术或专业背景的尊重。

2. 正文

正文部分是求职信的核心，应清楚地表达你的求职意向，包括你是如何得知该职位的信息，你感兴趣的职位是什么，以及你的个人基本情况如教育背景、工作经验和主要成就。正文内容应围绕你如何满足职位需求进行展开，展示你的专业技能和以往的相关工作成果，以及你为什么认为自己是该职位的合适人选。

3. 结尾

结尾部分应包含两个基本要素：一是表达希望得到答复和参加面试的机会；二是表示对读者的敬意和感谢，常用表达包括"祝工作顺利""深表谢意"或"顺祝商祺"等。可以使用"此致"等传统结语，然后空几行后写上"敬礼"或"谨上"，以正式礼貌的方式结束信件。

4. 署名

在求职信的最后，应直接签上你的全名。在中国的习惯中，通常不需要在名字前加上形容词，除非是在申请外资企业或国际职位，可以考虑使用西方的表达方式，如"您忠实的"等。

5. 日期

日期一般写在署名下方，应用阿拉伯数字书写，年、月、日全都写上。

> **案例分享**
>
> 王明去应聘一家软件公司的市场部门主管职位。他在面试之前做了充分的准备,不仅精心准备了个人简历,而且撰写了求职信,并在求职信中附上了一份对该公司产品的市场调研报告。王明从产品特性、客户需求、竞争对手等方面做了调研,并写出了自己对市场的理解以及未来工作的目标。软件公司的主管对该市场调研报告赞不绝口,认为王明的应聘准备充分,且有自己的看法,当场就录用了王明。
>
> 【点评】
>
> 从以上案例可以看出,大学生在准备求职材料时,除个人简历外,还可以考虑准备求职信。求职信通常是针对特定的工作岗位来写的,首先要与岗位要求相符合;其次,应符合求职信的格式要求;再次,求职信要用词恰当,字数适宜,要点突出,使人读起来不觉得乏味;最后,不要出现明显的语法、文字、词汇等错误。王明除准备求职信外,还附上了市场调研报告,说明王明对这次招聘非常用心,且对公司有充分的了解,这也是一个加分项。

三、其他自荐材料

(一)毕业生推荐表

毕业生推荐表是许多单位在招聘过程中非常重视的一份文件,因为它直接来自教育机构,并且带有学校的公章,使得其内容具有较高的信任度。对于毕业生而言,正确且认真地填写推荐表至关重要,因为统一的格式使得不同求职者之间可以方便地进行比较。以下是毕业生推荐表的构成和填写指南。

1. 毕业生推荐表的构成

毕业生推荐表通常包括三大部分。

(1)毕业生个人信息。这一部分包括毕业生的学习成绩、社会活动参与、个人特长、获奖情况以及就业意向等。

(2)院系推荐意见。由毕业生所在院系提供对其全面评价,通常包括学生的综合表现和推荐理由。

(3)学校就业主管部门推荐意见。这一部分可能包括学校对学生的综合评价和建议,以及学校教务部门提供的正式成绩单。

2. 填写毕业生推荐表的要求

在填写毕业生推荐表时,需要特别注意以下四点。

（1）内容的真实性。确保填写的每一项内容都是真实可靠的，避免夸大或虚构事实。

（2）版面的整洁性。推荐表的格式应符合学校的要求，打印出来的字迹需要清晰可读，整体布局工整严谨。

（3）审核的严格性。填写完成后，必须仔细检查，确保没有遗漏关键信息。院系主管和经办人也需认真审查所有提供的数据和信息，包括学习成绩、奖惩记录、社会工作经历等，确保无误后方可进行盖章。

（4）院系意见的客观性。院系在推荐意见中应全面评价学生的各方面表现，既要突出其优点和主要成就，也要实事求是地指出不足，并提出学生适合的工作领域和职业方向。

（二）求职申请表

面试前，有的用人单位要求求职者填写求职申请表。

1. 求职申请表的作用

求职申请表是招聘单位极其重视的内容，主要具有三个方面的作用。

（1）帮助招聘单位了解重要信息。通过求职申请表，招聘单位可以很容易了解需要了解的信息，从而节省面试所需要的时间，把精力投入重点问题。

（2）可以进一步验证简历的真伪。如果求职者简历被"注水"，现场填写求职申请表难免会露出马脚，造假的经历不像真实的经历那么好记。招聘人员通过对比已经投递的简历和现场填写的求职申请表，可以发现二者之间矛盾或不一致的地方，并在面试的时候重点发问，最终还原信息的真实面目。

（3）帮助招聘单位减少招聘风险和获得背景调查许可。求职申请表往往设有求职者声明，如："本人同意公司就以上工作情况进行背景调查，并保证以上内容真实，被公司录用后如发现以上信息虚假，本人愿意接受无条件辞退处分。"此声明可使公司的招聘工作的风险得到控制。

2. 填写求职申请表的注意事项

（1）填写前仔细阅读申请表的填写说明部分。

（2）以黑色或深蓝色签字笔填写。

（3）以正楷填写，注意字迹工整端正。

（4）在填写表格前，应仔细阅读表格及有关指示，避免误填。

（5）填完后应检查，以免出现任何错漏。

（6）亲笔签署表格。

（7）如获得招聘单位允许，可保留求职申请表副本，以便日后参考。

课 后 实 践

一、STAR 法则的含义和运用

1. STAR 法则的含义

S（situation）：当时的背景情况。

T（task）：当时的目标任务。

A（action）：针对当时的情况采用的方法。

R（result）：结果以及学习到的内容。

2. STAR 法则的运用

求职者在描述自己的某些经验时,要充分利用 STAR 法则。

（1）用 STAR 法则回顾并总结自己的成绩和经历,尽可能总结出自己的 3 项技能。

_____
_____
_____

（2）你未来的求职目标或应聘岗位是什么？分析自己的拟求职目标或拟应聘岗位的技能要求,至少写出 3 条。

_____
_____
_____

（3）提炼、概括自己具有的与拟应聘岗位相关的技能。

_____
_____
_____

二、班级简历设计比赛

1. 活动目的

加强班级学生对求职简历重要性及制作方法的认知;提高学生自主创新的能力;实现学以致用的目的;以班级为单位开展简历设计大赛,让学生在比赛过程中掌握简历制作的要点。

2. 活动流程

（1）教师明确此次比赛的要求。作品必须原创,主题明确,设计合理,要突出个人的特色和优势。总体设计应美观大方,具有一定的创新性、观赏性。

（2）学生自主选定某一职位,按照简历的标准格式进行设计。作品使用 A4 纸打印,电子版可提供" *.jpg"" *.pdf"" *.doc"等格式,500 字以内。

（3）设计时间设定为一周。一周后,学生提交设计的作品,教师将作品进行集中展示。

（4）班级学生对喜欢的作品进行评分。简历评分标准见表2-4。

表2-4 简历评分标准

评分项	评分标准	得分
版式设计	版式设计精美，颜色搭配合理，简洁大方，重点分明，文字大小适中，便于阅读	15
内容	客观真实，有针对性，条理清晰，表达准确流畅	20
文字细节	标点准确，格式规范，无错别字	5
封面	美观、大方、简单，有主要信息	5
求职信	格式规范，内容简练，紧扣求职主题	5
基本信息	姓名、性别、年龄、照片、联系方式等主要信息齐全	10
求职意向	表明求职岗位、期望工作的地点及薪资等	10
实践经历	社会实践经验、社团活动、培训等内容详略得当，重点突出	15
教育背景	学习经历、成绩、外语水平、计算机水平等内容完整、清晰	5
补充材料	成绩单、资格证书、荣誉证书、发表的论文等材料齐全	10
总计		100

（5）根据评分结果，评选出班级简历设计大赛的前三名并给予一定的奖励。

（6）分享与交流。三名获奖学生在班级展示自己的作品，并与同学交流设计心得。

模块三

求 职 技 巧

（1）了解面试的内容与类型。
（2）掌握面试技巧与面试礼仪。

克服紧张和建立自信

张同学的求职经历充满了挑战和压力。他的首选是加入顶级会计师事务所，他通过了数轮测试，最终进入了普华永道和安永华明会计师事务所的最终面试阶段，这一阶段需要与事务所的合伙人会面。在成千上万的求职者中脱颖而出，能够有机会与合伙人直接对话本身就是一种成就。然而，张同学在面试中非常紧张，这导致了他在关键时刻的几次失误。在普华永道的面试中，他错误地称呼了合伙人的名字，并且在离开时忘记了他的包。在安永华明的面试中，他的英文表达不够流畅，反复重复某个单词以确保面试官能听清楚，最终被合伙人打断，提醒他不需过度阐述。最终，这些失误导致他未能在这两家国际顶尖的会计公司中获得职位。

李同学面试中信集团总部时，面试官问他对中信了解多少。他想了半分钟，然后说道："我接到面试时还没来得及查看中信的资料，所以不太了解。"

面试官对他说："我们招人自然希望他能了解中信。你还是回去再多了解一些吧。"

【点评】

面对面试的压力和挑战,张同学和李同学的案例明显揭示了个人准备的重要性以及自信心的核心作用。张同学在关键时刻的紧张和自信缺失导致了面试中的几个关键错误,如错误称呼面试官的名字和遗忘个人物品,这些都是在高压环境下常见的失误。而李同学则展示了对目标公司缺乏足够了解可能带来的负面影响,他未能对面试官的基本问题作出满意回答,体现了对职位的不够重视和准备不足。为了在面试中脱颖而出并留下积极的印象,求职者需要通过全面和深入的准备来建立自信。这不仅涉及对自身技能和经验的深入了解,还包括对潜在雇主的详细研究。这种准备应包括对公司的文化、历史、市场地位以及面试流程的了解。

专题一 | 面试的内容与类型

大学生在面试前,需要对面试的内容和类型进行了解,只有做好这方面的准备,才能在面试时更有自信,取得面试的成功。

一、面试的内容

面试过程是一个复杂而全面的评估机制,旨在通过多个维度深入了解求职者的适应性和潜力。它不仅仅是关于专业知识的考察,更涉及求职者的个人品质、专业技能和职业态度。以下是面试主要内容的详细分析:

(一) 仪表风度

这一方面关注求职者的外表和行为,包括服装、言谈举止和精神面貌。对于一些特定的职业如教师、公关人员和职业经理人等,仪表风度尤为重要。这些职业通常要求求职者具有端庄的外表、整洁的着装、文明的举止、有序的行为模式、自我约束力强以及高度的责任感。

(二) 专业知识

面试中会对求职者的专业知识进行深入的考察,包括专业的具体内容、课程结构、学术成就和外语能力等。这一部分测试的是求职者的学术背景和专业深度,以判断其是否具备必要的专业能力来胜任工作。

(三) 工作能力

通过分析求职者的简历和申请表,面试官会对其过去的工作经历和实际经验进行评估。这包括对求职者的责任感、逻辑思维、口头表达能力等方面的考察,旨在评估其完成职责的能力和潜力。

(四)应变能力

这部分考察求职者对面试中提出的问题是否能迅速且准确地理解和回答,对突发状况是否能表现出机敏和适当的反应,以及对不预期事件的处理是否得体。应变能力是评估求职者在压力或不确定情况下的表现。

(五)工作态度

通过了解求职者过去的学习和工作经历,面试官试图判断求职者是否能在新岗位上展现出勤奋、认真和负责的工作态度。这关乎求职者的职业道德和对工作的热情。

(六)求职动机

面试官通过询问求职者为何选择该单位工作以及他们在工作中追求的目标,来评估单位提供的职位或工作条件是否能满足求职者的需求和期望。这有助于确定求职者的职业目标是否与组织的需求相匹配。

二、面试的类型

面试的类型涵盖了从高度结构化到相对自由式的多种形式,每种类型的面试都有其独特的目的和方法,旨在全面评估求职者的适应性、专业知识、个人品质及能力。以下是五种主要的面试类型的详细描述。

(一)程式化面试

程式化面试是一种高度标准化的面试形式,面试官事先准备好一系列具体的问题和评分标准,以确保每位求职者都在相同的标准下被评估。此类型的面试可以全面而客观地测试求职者的学习和工作经历、教育背景、专业知识以及兴趣和生活习惯等方面。这种方法有助于消除主观偏见,确保选拔过程的公正性。

(二)问题式面试

问题式面试更注重于面试官根据事先准备的提纲对求职者进行提问,通过求职者的回答来考察其专业知识和解决问题的能力。这种面试方式侧重于观察求职者在特定问题处理上的实际表现,更多地依赖于对求职者即时反应的评估。

(三)压力式面试

压力式面试是一种特殊的面试方式,面试官故意施加压力,通过一系列深入且挑战性的问题来考察求职者的心理承受能力、智商和应变能力。这种类型的面试旨在了解求职者在高压环境下的表现和处理突发情况的能力。

(四)非引导式面试(自由式面试)

非引导式面试更加自由和非结构化,面试官通过开放式的对话来观察求职者的自然表现。这种面试类型侧重于通过交谈探索求职者的个性、气质和综合素质,提供了更多关于求职者个人特质的信息。

(五)综合式面试

综合式面试结合了多种面试技巧,以全面考察求职者的综合能力和素质。这可能包括外语能力测试、即席作文、即兴演讲等多种形式,通过不同的测试方式来评估求职者的多方面能力,如语言表达、写作技巧及其他专业技能。

案例分享

勇于面对压力式面试

刘先生已工作几年,对于销售颇有心得。不久前,他接到一家跨国公司的面试邀请,准备去参加面试。面试现场坐着一位30多岁的面试官。刘先生向面试官微笑致意,谁知面试官并未回应,而是从桌上拿起一张纸,有些傲慢地问:"这是你的简历?"刘先生礼貌地回答:"是的,您需要我现场介绍一下我自己吗?"面试官听后,松开手指,扔下简历,很严肃地看着刘先生说:"你无法胜任这个工作,你不是广州人,不会说广州话,将来怎样在广州开展工作?"有着充分社会经验的刘先生认为承受压力也是面试的一部分,他并不慌张,反而冷静地回答:"广州是个国际化大都市,我想不懂粤语应该不会对工作造成影响。如果工作确实需要,我会马上学。"

面试官又拿起他的简历,发问:"你是独子?如果现在公司有项紧急任务交给你去做,但你又接到母亲住院的通知,你准备怎么办?"刘先生沉默了一会儿,说:"我先请同事帮忙把工作处理一下,自己马上赶到医院,如果母亲情况不严重,再立刻赶回来处理公司的事。"谁知面试官听后更加严厉地说:"工作是没有办法找人代替的,怎么能抛给别人?"刘先生坚持道:"如果一定要选择,我也只能先赶去医院,事业重要,母亲更重要!"

几天后,刘先生接到了这家公司的录用通知书。理由很简单,因为他"面对强大的压力",还能"充分保持理智和冷静"。

【点评】

压力式面试在销售类职位面试中使用较多。在实际面试过程中,面试官可能会通过各种方式对求职者施加压力。其实不管何种类型的面试,求职者只要能以正确的态度面对面试官提出的问题,不逃避,不隐藏,就可能取得不错的面试成果。

专题二 面试技巧

一、面试的基本程序

掌握面试的基本程序对求职者而言是至关重要的,它不仅有助于提前做好充分准备,还能增加应对面试时的自信心和从容度。下面详细描述了面试的六个基本步骤,帮助求职者更好地理解和准备面试过程。

(一)材料审核

面试流程始于用人单位对求职者提交的申请材料进行详细审核,以确定谁符合职位要求。这一步骤决定了哪些候选人将被邀请参加面试。

(二)面试通知

一旦用人单位完成初步筛选,他们会向选定的求职者发送面试邀请,通知具体的面试时间和地点。这允许求职者有足够的时间做准备,并安排自己的日程。

(三)面试准备

在接到面试通知后,求职者需要开始准备面试。这包括研究公司背景、准备可能的面试问题及答案、练习自我介绍以及准备任何必要的演示或作品集。

(四)前往面试地点

面试当天,求职者应提前到达面试地点。提前到达不仅显示了求职者对面试的重视,还有助于缓解紧张情绪,给自己留出时间做最后的仪表整理和心态调整。建议求职者提前一天探访面试地点,以确保熟悉路线和预计行程时间。

(五)正式面试

正式面试通常包括自我介绍、面试官的问题、求职者的回答、求职者提出的问题以及双方的交流。这是展示个人能力和了解职位是否适合自己的关键阶段。

(六)面试结束

面试的结束通常由面试官通过一些暗示性话语来标志,如对求职者表达感谢并提到后续的决定过程。求职者应注意这些信号,适时礼貌地结束对话并感谢面试官的时间和考虑。正确的告辞方式能够给用人单位留下良好的最后印象。

案例分享

没有做好面试准备导致求职失败

即将步入社会的大三学生吴波,口才甚佳,在学校多次获得演讲比赛的冠军。对于面试时要做自我介绍,他自认为不在话下,所以也就没做准备。毕业求职期间,吴波结合自己的兴趣,向心仪的一家企业投递了求职信。很快,吴波就接到该企业的面试通知。面试是在一个下午,办公大厅里有很多求职者在紧张地走来走去,吴波镇定自若,他慢慢走向面试室,并坐在门口的椅子上等候。进入面试室后,面试官很客气地要求吴波先做 3 分钟左右的自我介绍。在自我介绍时,吴波一改脸上轻松自如的模样,略带紧张地介绍自己的姓名、身份,其后还磕磕巴巴地补充一些有关自己学历、专业等的情况,大约 1 分钟就结束了自我介绍。面试官询问吴波是否还有需要补充的内容,吴波立马说:"没有了。"这次面试只得草草收场。

【点评】

从这一案例可以看出,吴波没有在面试前做好充分的准备,这是导致他面试失败的主要原因。如果面试前他能够充分地了解用人单位的信息,调整好自己的心态,就可以在面试时抓住重点,并且通过短短几分钟的自我介绍来"秀"出自己,从而给用人单位留下深刻的印象。

二、语言表达的技巧

在面试中,语言表达的技巧是衡量求职者综合素养的一个重要方面。精通语言表达技巧能显著提升求职者的表现,以下是四种关键的语言表达技巧,帮助求职者在面试中更有效地沟通。

(一)口齿清晰,语言流利

求职者在面试时应确保发音准确、字正腔圆。控制说话速度,避免过快导致语言不清晰或过慢引起沟通拖沓。适当使用修辞技巧可以增强语言的表现力,避免使用口头禅或不文明用语,以保持交谈的专业性和吸引力。

(二)语气平和,语调恰当,音量适中

在面试中,应正确运用语音、语调和语气。例如,打招呼时使用上扬语调来引起注意,而在自我介绍时使用平缓的陈述语气以展示稳重。调整音量,确保不过大也不过小,使所有面试官都能清楚听到,这样能有效地传达信息同时显示出考虑与尊重。

(三)语言含蓄、幽默、机智

在适当的场合使用幽默的语言可以缓解面试的紧张氛围,特别是在回答难题时,机智幽默的回答不仅可以展示求职者的聪明才智,还有助于留下积极的印象。然而,需要注意幽默的分寸,避免过度使用可能造成的不专业印象。

(四)注意对方的反应

面试是双向的交流过程,求职者应时刻注意面试官的反应。如果面试官显示出心

不在焉或无兴趣的迹象,求职者应考虑改变话题或调整交流方式。观察面试官的非言语反应,如倾听姿态、面部表情,可以提供是否需要调整语调、音量或内容的即时反馈。

> **案例分享**
>
> **机智幽默的表达助力面试成功**
>
> 李燕是某大学新闻专业的应届毕业生。在某杂志社招聘编辑的面试中,李燕在 20 名入围者中处于明显的劣势。她唯一的优势就是有实践经验,在校期间,每一学期的校刊都是她负责的。
>
> 在参加面试前,李燕做好了充分的准备,不仅仔细研究了该杂志社的办刊风格、特色、定位及主要专栏等,而且记录了杂志社的主编、编辑和记者的写作风格。
>
> 参加面试时,李燕惊讶地发现,面试人员中竟然有 3 人是她已经关注到的编辑和记者。李燕在做了常规的自我介绍后,便将自己对这本杂志的认识娓娓道来,包括风格、定位、特色等。同时,针对杂志的不足,她也表达了自己的想法。不仅如此,她还用诙谐、幽默的语言补充道:"我还了解咱们杂志社的许多编辑、记者的写作风格。例如,××老师文笔简洁明了,××老师善于写作,××老师的思维缜密流畅……虽然我与他们并不相识,但文如其人,我经常读他们的文章,也算与他们相识了。"这时,部分面试官露出了会心的微笑。李燕还结合自己主办校刊的一些实际情况,表露了对自己参加工作后的展望,获得了面试官的一致认可。最终,李燕幸运地被录用了。
>
> 【点评】
>
> 从以上案例可以看出,李燕在面试前做了充足的准备,同时还拥有相关的校刊编辑经验。除此之外,其灵活与幽默的表达方式也是面试官认为李燕能胜任编辑这一岗位的重要原因之一。因此,李燕最终取得了成功。

三、身体语言运用的技巧

在面试中,身体语言的运用同样至关重要,因为它能够传递出求职者的自信、专注度和专业性。下面是关于如何在面试中有效使用身体语言的技巧。

(一)保持恰当的坐姿

正确的坐姿是面试中展示专业态度的关键。求职者应全身放松,双腿自然并拢,手放在膝上。背部应挺直,身体微向前倾,以示积极和参与的态度。避免坐得过靠前,以免显得过于急切;坐得过靠后或倚靠在椅背上,则可能给人一种懒散的感觉。

避免不恰当的小动作:面试过程中,应避免以下常见的不恰当小动作,因为这些动作可能会给面试官留下不耐烦或不自信的印象。

(1) 下意识地看手表,可能显得不耐烦或对时间焦虑。

(2) 坐着时双腿叉开不停摇晃,显示出紧张或不安。

(3) 跨二郎腿或频繁抖腿,可能被视为不专业或缺乏礼貌。

(4) 讲话时过度摇头晃脑,可能显得过于夸张。

(5) 用手掩口或摸头发,可能显得缺乏自信或不真诚。

(6) 不停玩弄随身携带的小物件,如笔或手机,可能分散注意力。

(二)面带微笑,动作大方

微笑是非言语交流中最有力的工具之一,它能传达出友好、热情和自信。在面试中保持轻松的微笑,有助于缓解紧张气氛,使对话更加自然流畅。同时,确保所有身体动作都显得自然和大方,避免显得过于僵硬或拘谨。

四、回答问题的技巧

(一)把握重点,简洁明了

面试时间宝贵,因此在回答问题时,求职者应言简意赅,避免长篇大论。建议使用"结论在先,论证在后"的答题结构:先直接阐述自己的主要观点,然后再提供支持该观点的细节和例证。这种方式可以帮助面试官迅速抓住重点,理解求职者的答案。

(二)讲清原委,避免过于抽象

在面试中,对于那些需要解释或详细描述的问题,求职者应避免只给出简单的"是"或"否"答案。应详细阐述情况,提供背景信息,确保答案具体、有深度。这不仅显示了求职者的透彻思考,也使答案更具说服力。

(三)确认提问内容,避免答非所问

如果求职者对某个问题不太明确或不确定其意图,可以先复述问题,并表达自己对该问题的理解,必要时可以向面试官求证,以确保自己的回答针对性强。这样做可以避免误解题意,确保答案精准且相关。

(四)展现个人见解和特色

面试官每年会听到许多类似的回答,因此,具有个人特色和独到见解的答案更能引起注意。求职者应尝试在回答中融入自己的经验、思考或独特视角,这样的答案更加生动、有趣,也能更好地展示求职者的个性和能力。

(五)实事求是,诚实回答

面对自己不知道或不确定的问题,求职者应遵循实事求是的原则。诚实地承认自己的不足或不了解的地方,比试图掩饰或编造答案更能赢得面试官的尊重和信任。这种诚恳的态度通常会留给面试官深刻的正面印象。

> **案例分享**
>
> ### 直击用人单位"痛点"获得面试成功
>
> 小云是某院校土木工程专业的应届毕业生,毕业前他已经在某地产项目中有过实习经历。这次他面试的企业在当地颇有名气,已经很久没有面向应届生招聘了,所以竞争者很多。小云了解到该企业近期公布了好几个项目,其中就有两个是地产项目。他想着公司这次招聘可能就是为这两个项目服务的,于是他更改了自我介绍内容,着重介绍了自己的项目实习经历。
>
> 面试当天,果然应聘者众多,面试的房间外排起了长队。小云发现,一些应聘者只面试了几分钟就失望地走了出来,显然面试时间有限。于是他暗暗打腹稿,准备先介绍自己的实习经历。轮到他时,他在自我介绍时简单说了名字、学校、专业情况,便将话题引到了实习经历上,这果然吸引了面试官的注意。面试官仔细听了小云的介绍,并且和他就相关经历做了详细的沟通。最终,小云成功获得这份宝贵的工作机会。
>
> 【点评】
>
> 小云在自我介绍中突出重点,强调了实习经历与岗位相关度高这个优势,为他给面试官的第一印象加分,也让面试官有兴趣继续了解他。如果自我介绍的内容与用人单位的需求不相关,即使求职者再优秀,面试效果也会大打折扣。面试就是求职者向用人单位推荐自己的过程,所以自我介绍一定要戳中用人单位的"痛点",这样才能一击即中。

五、缓解过度紧张情绪的技巧

缓解面试中的过度紧张情绪是许多求职者面临的挑战。下面的策略可以帮助求职者在面试过程中更好地控制紧张,从而表现得更好。

(一)保持平常心态

认识到紧张是普遍现象,是正常的面试反应。在面试前,通过阅读幽默故事、听音乐或进行其他放松活动来转移注意力。在面试中,通过自我暗示来提醒自己保持镇静和放松,并尝试将面试官视为熟人,这有助于减少紧张感。

(二)相对看待面试结果

不要将面试结果看作决定未来的唯一因素。把注意力集中在当前的对话和问题上,而非担心潜在的失败。认识到即使这次面试不成功,也还有其他机会,并从每次面试中获得经验和教训。

（三）增强自信心

明确自己的优势，并在面试中充分展示。避免将自己的短处与他人的优势相比较，这样做只会增加紧张和不自信。认识到自己与其他竞争者相比的独特优势，这可以提升自我价值感和自信心。

（四）平等看待面试官

记住面试官也是普通人，他们不是全知全能的权威。这种心态可以帮助求职者降低对面试官的畏惧，以更平等的视角进行交流。

（五）控制谈话节奏

面试开始时，有意识地放慢语速可以帮助求职者逐渐适应面试环境。听清楚问题后再从容应答，这种方法有助于维持对话的节奏，减少紧张感。

（六）眼神交流

在回答问题时，适当的眼神交流是必要的。避免眼神飘忽不定或过度盯着提问者，这可能会增加紧张感。建议求职者在回答问题时，将目光定在提问者的额头上，这既可以显示出自信也可以减少直接的视线压力。

案例分享

不断总结，成功在望

梁同学经历了多次求职失败，在反思和准备之后，成功通过一次重要的面试并获得了工作。最初，他在面试中因紧张、回答不清楚、缺乏对公司的了解而屡次失败。为了改善这些问题，梁同学在准备下一次面试时，专注于流畅和自信地进行自我介绍，熟悉简历内容，了解应聘公司，并清晰地阐述自己的意向和潜在贡献。此外，他还注意了面试中的语速和语调，以确保清晰表达。这些准备帮助他在面对多位面试官时表现出色，最终被录用。

【点评】

这个案例展示了每一次面试都是个人成长和提升的宝贵机会。经历失败之后，及时地总结和反思经验是非常关键的。梁同学通过对自己的面试表现进行深刻的反思，识别出自己在沟通、自我表达以及对公司背景的理解方面的不足。然后，他有针对性地进行了准备，这不仅提升了他的面试技能，也增强了他的自信心。正是这种基于自我认知的持续提升，使他在面对挑战时逐渐增加了成功的可能性，并最终达到了职业发展的一个新高度。

专题三 面试礼仪

一、面试前的礼仪

(一) 守时守信

遵守时间、恪守信用,是社会交往中最基本而又最重要的修养。

求职者接到招聘单位的面试通知时,首先要做的就是确定面试的具体时间。如果招聘单位已在面试通知单上注明了准确时间,要求在某一具体时间去参加面试,那么只需按照规定的时间前去即可。如果招聘单位只是约定了大概时间段,那么在这种情况下,妥善地安排面试的时间,对于提高求职的成功率是颇有益处的。

面试时间的选择是有一定学问的。一般情况下,日期的选择以周一至周四全天和周五上午为宜,尽量不要选择周五的下午。对于采取轮休制的行业,则要预先了解对方的工作安排,选择一个双方都方便的日期。日期选定后,还要确定具体时间,无论上午或下午,面试开始时间最好选择在上班半小时后和下班半小时前。原因在于上班后的一段时间内,工作人员需整理内务,打扫卫生,安排各项工作;而下班前的一段时间,一般都无暇谈论工作,这个时候进去面试,无疑是不受欢迎的。

守时是一种礼貌,更是尊重对方的一种表现。应邀赴约时,一定要按照通知的时间提前至少5分钟到达面试地点,或提前15分钟到达面试地点附近熟悉环境、稳定情绪、调整心态、整理思路。同时守时还能使面试官不会因为等待而烦躁。准时入场意味着面试有一个好的开始。如迫不得已迟到了,要诚恳致歉,略作解释,但也不必为此惴惴不安,影响个人形象和后续的临场发挥。

(二) 仪容得体

参加求职面试时,应以打扮得体为宜。

1. 服饰要得体

在准备求职面试时,服装选择应避免过分华丽,以庄重、简洁为佳,以展现专业稳重的形象。应确保服装无破损,特别是女性的丝袜不应有破洞。男性需要保持头发清洁、胡须修剪整齐,而女性则应按照礼仪要求整理发型,展现优雅气质。此外,指甲应修剪干净,确保无污垢。在面试中,这些看似微小的细节,如未处理好,可能会给面试官留下不专业的印象。

2. 化妆要自然

女性在面试中可适度化妆,应追求自然而不过分张扬,以体现优雅的形象。

(三) 保持礼貌

在面试过程中,保持礼貌至关重要。从进入公司大门开始,应平等对待每一位工作人员,无论其职位高低。求职者的行为和态度在面试中也是被考量的重要方面,尤其是对待接待人员的态度,这可能影响最终的面试结果。应恰当表达来访目的,并遵从接待人员的安排,避免不适当的行为,如随意与人闲聊或四处走动,这些都可能影响面试官的整体印象。

> **案例分享**
>
> ### 细节决定成败
>
> 某公司招聘办公室人员,有100多人前来应聘。公司经理在众多求职者当中选中了一名普通年轻人。其助手说:"怎么选了他呀?他没有任何工作经验。"公司经理回答:"他一定能胜任这项工作。首先,他在进门之前妥善处理了自己的雨具,进门后随手关上了门,这说明他做事很仔细。在等候时他不像其他求职者那样,在外面喋喋不休地谈论,当一名老人向他咨询时,他耐心、有礼貌地为老人解答。进了办公室,其他求职者都没有注意我故意放到门边的拖把,只有他俯身提起并把它放在了墙角。最后,他衣着整洁,回答问题简明扼要,这些都足以证明他能胜任这项工作。"
>
> 【点评】
>
> 求职是一个人职业生涯的开始,走好第一步十分重要。很多求职失败者并非都因为学历、能力不足,不少人是由于缺乏求职礼仪。在招聘过程中,礼仪礼貌是求职者的第一张名片,它是给人的第一印象,是一个人内在素质的外在表现。因此,重视礼仪礼貌,是求职者成功的保障。

二、面试中的礼仪

(一) 把握进入面试房间的时机

在面试过程中,合理掌握进入面试房间的时机对于留给面试官的第一印象至关重要。通常情况下,面试者的进入会由接待人员提醒,并可能由他们引导进入面试房间。在被引导进入时,如果遇到面试官正在忙于填写资料或其他事务,求职者应保持耐心和礼貌,静候面试正式开始。

另一种情况是求职者需要自行进入面试房间。无论面试房门是开着还是关着,求职者都应先敲门并等待面试官的应答,以示礼貌。只有在得到面试官的允许后,求职者才应进入房间,避免在门外默默等待或造成不适。

在进入面试房间后,如果面试官需要更多时间准备或处理事务,可能会要求求职者稍等。在这种情况下,求职者应表现出耐心和专业态度,避免不安或分散注意力的行为,如四处张望,这能够展示其职业素养和对面试过程的尊重。

(二)运用恰当的身体语言

在求职面试中,运用恰当的身体语言至关重要,它能有效地展示求职者的职业修养和个人素质。身体语言的掌握可以从以下四个方面进行。

首先是目光的使用。在回答问题时,保持坚定而自信的目光与问话人进行三分之二的时间比例的视觉交流是必要的。这种视线不应直接盯着对方,而是应聚焦在对方眼睛与鼻子之间的区域,这能够展示出对对话的重视。对于有多位面试官时,应通过不时地转动视线来表现出对各位面试官的平等尊重。

其次是倾听的艺术。优秀的求职者是活跃的倾听者而非滔滔不绝的说话者。在面试中,适时地点头或微笑能表达自己的认同和理解,显示出积极的倾听态度。避免过度插话或打断面试官,这些行为可能显得无礼,而且可能导致面试官对求职者的负面评价。

关于动作的控制,求职者坐在椅子上时,应避免大幅度的手部动作。面试中不宜进行任何分散注意力的小动作,如摆弄物品或触碰头发,这些行为可能表现出过度的紧张,不仅分散自己的注意力,而且也可能影响面试官的注意力。

最后是坐姿的选择。面试中坐姿应适当,避免全身后仰或只坐椅子边缘,这可能分别传达出过于随意或过度紧张的态度。合适的坐姿是坐满椅子的三分之二,身体稍微前倾,这表示求职者的参与感和积极态度。在需要挪动椅子时,应注意动作轻柔,避免产生噪声,以免干扰面试流程。这些细节的处理不仅体现了求职者的职业素养,也是对面试过程的尊重,能够在无形中提升求职者在面试官心目中的评价。

案例分享

习惯性小动作令她错失工作

王珊今年大学毕业,她的学习成绩十分优异,对于即将到来的面试胸有成竹,因而几乎未做面试准备。到达面试现场时,王珊发现已经有几位求职者在等候,他们都经过了细心打扮。轮到王珊面试时,两位面试官表情很严肃,现场气氛有些紧张,王珊突然忘记了自己事先准备的说辞,脑中一片空白。其中一位面试官要求她做自我介绍,王珊机械性地把自己的简历背了一遍。另一位面试官问:"你应聘这个岗位的优势是什么?"王珊应聘的岗位是文秘,与她的专业对口,而且她还辅修了法律,本来具有极大的竞争优势。但是她偏偏一紧张,平时的习惯性小动作全出现了,不停地摸头发、摸耳朵、擦鼻子,甚至手脚都不知道该往哪儿放了。最后的结果可想而知。

【点评】

王珊面试时太过紧张,出现了太多小动作,让面试官对其专业度和自信心产生了怀疑,最终导致面试失败,由此可见面试时仪态的重要性。所以,求职者除了要做好面试准备外,面试过程中的仪态也不容忽视。

（三）让面试官感到受重视

在面试中确保面试官感受到自己被重视和尊敬是建立良好关系的关键。有效的交流不仅让面试官了解求职者，也帮助求职者理解面试官的期望和意图。因此，学习如何倾听和恰当地回应是至关重要的。

面试中的交流应是双向的。求职者应展示出对面试官所说内容的高度关注，通过适时地点头和微笑来表达自己的关注和理解。保持眼神接触也是尊重面试官的重要方式之一，它传递了求职者对对话的重视。此外，记住并使用面试官的名字，可以显著增加个人的亲切感和专业性，尤其是在对话中适当提及面试官名字时，能够使对话更加个性化和尊重。

（四）把握面试的时间

成功的面试需要在有限的时间内有效地表达自己，同时也需要观察面试官的反应，从而调整自己的言行。如果观察到面试官显得疲惫或分心，这可能是一个信号，表明求职者可能讲得太多。在这种情况下，应适时缩短自己的发言，或者在完成主要话题后主动寻求结束面试，以显示出对面试官时间的尊重和自己的情商。

三、面试后的礼仪

（一）感谢面试官

面试后的感谢行为是求职过程中一个重要但经常被忽视的环节。它不仅是对面试官的礼貌表示，也是加深面试官对求职者印象的策略。有效的感谢方式可以分为电话感谢和书面感谢。

电话感谢应当在面试后两至三天内进行，以显示求职者的礼貌和专业性。电话本身应保持简短，最理想的是不超过三分钟。在通话中，避免询问面试结果，而应专注于表达感谢，这有助于加深面试官对求职者的正面印象。

书面感谢信是一种更为正式的感谢方式，尤其适用于在面试中与面试官建立了较为正式的沟通方式。电子邮件是现代职场中常见的快捷感谢方式，适合于之前已通过电子邮件进行过联系的情况。邮件内容应包括对面试机会的感谢、对职位的再次表达兴趣，以及对公司的赞赏。如果求职者感觉需要，也可以选择发送传统的书面感谢信。书面感谢信应简洁明了，内容不宜过长，一页纸为宜。在选择书写方式时，手写信件虽然显得更为个人化和诚恳，但需要保证书写工整。打印信件则给人一种更为正式的感觉。

无论是通过电话还是书面方式，感谢信的内容都应具体明确，直接致谢给面试的负责人，避免使用模糊的称呼如"负责人"或"部门负责人"。信件开头应明确提及求职者的姓名、简要背景及面试的具体时间，并表达对面试机会的感激。感谢信的核心部分应重申求职者对职位的兴趣，并可能增添一些有利于增强求职者印象的新信息。结尾部分可以表达对获得职位的强烈希望，以及未来为公司贡献的决心。

(二)打电话询问结果

在面试结束后一周左右,如果没有收到任何回复,通过电话咨询面试结果是一个合理的步骤。这种情况下,电话沟通的礼仪和技巧变得尤为重要,以下是详细的指导建议。

1. 何时打电话

选择合适的时间打电话至关重要。避免在对方的休息时间或用餐时间进行电话,这表明你对对方的时间有基本的尊重和考虑。最佳的时间通常是工作日的上午或下午早些时候,这时候人们一般较为清醒且不太忙碌。

2. 如何打电话

(1)环境选择。确保在安静的环境中打电话,避免有背景噪声如电视声或其他人的谈话声。

(2)语音与语调。保持适中的音量和清晰的发音,这不仅有助于确保沟通的效果,也显示出你的专业性。

(3)控制时间。电话询问应简短精练,一般不超过两三分钟。确保交流的效率,避免不必要的闲聊。

(4)倾听与回应。在对话中积极倾听,对对方的回答做出适当的反应,表明你在认真听取对方的话。注意不要打断对方。

(5)结束电话。在通话结束时,可以礼貌地让对方先挂电话。如通话中断,应迅速主动重新拨打。

3. 如何询问

(1)适当的问候与介绍。接通电话后首先礼貌地打招呼,然后清楚地介绍自己的姓名、面试的时间和职位,这有助于对方迅速回忆起你。

(2)礼貌的询问方式。尽量礼貌地询问,使用诸如"请""麻烦"等礼貌用语,表现出尊重和礼节。

(3)恰当的询问时间。如果对方不在或忙碌,可询问最佳的联系时间,以便再次联系,避免在不便的时刻打扰到对方。

案例分享

感谢信

尊敬的张三先生:

  我是昨天上午参加行政主管职位面试的李四。首先,感谢您在百忙之中抽出时间接见我,并对我进行面试。与您的交谈非常愉快,也让我深入了解了贵公司的历史沿革、管理模式以及公司宗旨。

正如面试中所讨论,我相信我的专业知识、丰富经验以及过往的成绩将为贵公司带来实质性的贡献。面试过程中,我惊喜地发现您和贵公司的工作思维与管理方法与我的理念有许多相似之处,这更加坚定了我加入贵团队的愿望。我对贵公司的未来充满信心,希望能有机会成为贵公司的一员,为公司的发展贡献我的力量。期待有望与您及团队一起努力实现公司目标。

　　再次感谢您对我的考虑,并期待着有关我的申请的进一步消息。

　　再一次感谢您。希望有机会和您再谈。

李四
××××年××月××日

【点评】

　　这篇书面感谢信的内容简洁。开头做了简短的自我介绍,并表示感谢。中间部分重申对该公司、该职位的兴趣。结尾表示对得到这份工作的期许及为公司的发展壮大作贡献的决心。

课 后 实 践

一、"找朋友"活动

1. 活动目标

通过活动增加学生之间的交流互动,增强交往意识与沟通能力,为成功面试打下基础。

2. 活动步骤

(1) 每名学生取一张纸做成名片。将纸对折两次,折成四栏。第一栏中写上自己喜欢的别人给予的小名、昵称或绰号;第二栏中用图画表示自己家乡的特点;第三栏中画三种自己喜欢的东西;第四栏中写出自己的特长,限时10分钟(表3-1)。

表 3-1 名片模板

昵称:	家乡:
喜欢的东西:	特长:

(2) 找朋友。邀请学生带上自己的名片开始在教室里找朋友进行交流,了解对方名片的内容,并用心记住。交流的方式依次为:

首先,一对一交流。两人面对面,根据对彼此名片的猜测与理解,开始进行交流,也可以自己介绍自己的名片。

其次,二对二交流。四人面对面,向新找到的两位朋友介绍刚刚认识的这位朋友,介绍他名片的内容、寓意,依次进行。

最后,四对四交流。请任意一位学生将他新认识的三位朋友介绍给另外四名同学。介绍结束后,请大家套用一句共同的结束语:"能认识他们并将他们介绍给大家,我很荣幸。希望我们大家能够成为好朋友。"

(3) 比较一下,在 20 分钟的时间里,谁介绍的伙伴最多,信息沟通最深入。

二、模拟面试

1. 活动目标

通过模拟面试活动,让学生亲身感受面试情境,发现自身不足之处,更好地充实自己,有意识地提升自己的综合能力和素质。

2. 活动步骤

(1) 进行分组,并分配任务。班委成员为一组,负责设计和制作招聘广告,向班级同学介绍公司的基本情况,公布招聘职位,并发放制作好的应聘申请表。

(2) 班级中其余学生均填写应聘申请表(表3-2),班委成员统一回收填写完成的应聘申请表。

表 3-2 应聘申请表

应聘职位		意向工作地			
姓名		性别		民族		健康状况	
毕业院校			专业		
学历		学位		毕业时间	
手机号码		电子邮箱		学生职务	
联系地址				户口所在地	
在校期间获得的奖励					
实习经历					

(3) 现场模拟面试。班委成员确定面试的时间和地点，设计并布置好场地，邀请至少 2 名教师担任面试官。

安排面试官就座，做好后勤工作，面试官随机选取应聘申请表，候场的应聘学生听到名字后进入面试场地进行模拟面试。在面试结束后，面试官进行点评。

三、情境分析

假设你拥有多次跳槽的经历，请按照以下规定的情境，阐述自己的跳槽原因及收获。

情境一：用人单位的面试官非常欣赏多次跳槽者的过人胆识和丰富经验。

情境二：用人单位的面试官特别反感多次跳槽者的浮躁心态。

(1) 你为什么从上一个单位离职？

(2) 你向往的单位和岗位是什么？

(3) 你从决定跳槽到离职大概经过多久？

(4) 跳槽后你获得了哪些方面的提升？

模块四

就业保障

(1) 掌握法律、法规规定的大学生的就业权利。
(2) 熟悉常见的大学生就业陷阱。
(3) 了解大学生就业过程中上当受骗的原因。
(4) 掌握大学生就业维权的途径。

大学生兼职不受《中华人民共和国劳动法》保护

大学生小廖,为了减轻家庭的经济负担,决定在暑假期间到一家外资的快餐店打工,赚取部分学习生活费用。按照约定,小廖在快餐店每天工作6小时,每小时劳动报酬是4元,小廖必须遵守公司的规章制度,接受管理。但实际上他每天工作9小时。到月末,快餐店管理人员认为大学生打工不能按小时工对待,不仅没给小廖发加班费,还在计算工时时扣除了小廖中午用餐和休息的1小时。小廖了解到,当地的最低小时工资标准为6元。但是小廖一直不清楚,大学生兼职到底算不算小时工,如果不是小时工,究竟属何种形式的用工,是否受非全日制职工最低工资标准制约。

【点评】

此案例讲述的是大学生兼职过程中发生的事件。目前在法律事务领域,普遍认为大学生兼职不属于《中华人民共和国劳动法》（以下简称《劳动法》）的适用范围，大学生即使整个假期都用来打工，时间最长也只有一两个月，用人单位无法与其确定劳动关系，无法开设社保账户。在事务处理中，仲裁部门很多时候是按照大学生兼职不受《劳动法》保护的原则执行，争议应按照双方签订的劳务协议以及公平原则处理。用人单位使用兼职大学生属于"非全日制用工"范畴，受非全日制最低工资标准制约。

劳动者在合同期间可随时单方解除合同

2019年，小林大学毕业后进入某汽车销售公司工作，与公司签订了3年的劳动合同。合同履行1年时，小林觉得在该公司没有发展前途，经朋友介绍，他想跳槽到另一家汽车销售公司工作。新单位承诺每月给小林4 500元工资，并由他负责一个小组的工作。新单位的待遇和职位对小林有极大的吸引力，他决定辞职离开现在的单位。但小林所在单位领导坚决不同意，认为依照当初合同约定，劳动期限为3年，现在才1年，如果小林辞职，就违反了劳动合同的规定，应承担违约责任。根据当时公司和小林签订的合同，公司有权扣押小林的毕业证和档案材料。那么，此时小林该怎么办？

依照法律规定，在劳动合同到期之前，劳动者可以向单位提出解除劳动合同的要求，也就是说，劳动者可以单方面提出解除劳动关系。《劳动法》第三十一条规定，"劳动者解除劳动合同，应当提前三十日以书面形式通知用人单位"，这明确赋予了职工辞职的权利。而且，这种权利是绝对的，劳动者单方面解除劳动合同无须任何实质条件，只需要履行提前通知的义务。劳动者的跳槽是适应市场经济需要的，个人的择业自由应该以尊重法律为前提。劳动者辞职只要提前30天书面通知用人单位即可，用人单位不能拒绝。公司扣押小林的毕业证和档案材料，这种做法是违法的。如果小林按照规定提出辞职，而公司不同意小林辞职的话，小林可向当地劳动仲裁部门申请劳动仲裁。

【点评】

《劳动法》中的相关条文，毕业生应该牢记在心，因为学法才能知法，懂法才能用法。学会职场维权，才能避免在今后的职业之路上跌跌撞撞，甚至摔跟头。学会用法律武器保护自己，该出手时就出手，才能顺利走上职业发展的健康之路。

专题一 | 就业权利与义务

在择业、就业的过程中,毕业生往往将注意力集中在收集材料、寻找单位、准备面试等方面,而忽视了与之密切相关的就业制度、市场规范、法律法规。在纷纭复杂的职场中,大学毕业生应正确行使自己的权利和履行应尽的义务。当自身合法权利得不到保障,甚至受到侵犯的时候,我们需要通过正当渠道和方式,依法维护自身的合法权利。

一、就业的基本权利与义务

在当前就业形势下,由于大学生维权意识淡薄和相关法律法规不完善,大学生的合法权利频繁受到侵犯。

(一) 毕业生求职权利

在当前就业市场中,大学毕业生面临多种挑战,了解和行使自己的权利对于保护自身利益至关重要。这些权利包括获取就业信息权、接受就业指导权、被推荐权、自主选择权、公平录用权以及违约求偿权。以下是对这些权利具体含义的详细解析:

1. 获取就业信息权

(1) 信息公开:所有就业相关信息应对所有大学毕业生公开,禁止学校或任何个人隐瞒或截留就业信息。

(2) 信息及时:提供给大学毕业生的就业信息必须是及时更新的,确保毕业生可以根据最新市场情况做出职业选择。

(3) 信息全面:毕业生有权获得全面的就业信息,包括但不限于职位详情、薪资水平、公司背景以及工作地点等。

2. 接受就业指导权

大学毕业生有权从学校就业指导中心或公共就业服务机构获得专业的就业指导服务。这些服务旨在帮助毕业生了解市场需求,提高求职技能,并制定有效的职业规划。

3. 被推荐权

(1) 如实推荐:高校在向用人单位推荐毕业生时,应根据学生的实际能力和表现进行介绍,避免夸大或贬低。

(2) 公正推荐:推荐过程中应保证公平,不偏袒任何一方。

(3) 择优推荐:学校应基于学生的表现和资质进行推荐,鼓励学生在校期间提升自我。

4. 自主选择权

毕业生根据国家的就业政策有权自主选择用人单位,不受学校或其他任何组织的干涉。

5. 公平录用权

根据《劳动法》,每位毕业生无论性别、民族或宗教信仰,都应享有平等的就业机会。用人单位在招聘时应确保公平、公正地对待所有候选人。

6. 违约求偿权

若毕业生、用人单位或学校签订的就业协议被任何一方擅自毁约,受损方有权要求违约方履行原协议或进行赔偿。

案例分享

河南女孩应聘遭拒

2019年7月,浙江某度假村有限公司发布招聘公告,大学毕业生闫某看到后投递简历应聘该公司的法务和董事长助理两个职位。然而,闫某很快收到了该公司拒绝录用的回复,原因一栏只写了"河南人"三个字。闫某认为,浙江某度假村有限公司招聘人员存在地域歧视行为,遂提出诉讼。一审法院判决该公司赔偿闫某1万元并通过媒体道歉。双方均不服一审判决,提起上诉。法院二审驳回闫某及浙江某度假村有限公司上诉,维持原判。

【分析】

这次诉讼原告获得胜诉,但要从根本上遏制类似的地域歧视仍需多方共同努力。所以,大学毕业生在遭遇就业歧视时,应勇敢地拿起法律武器进行维权。

(二)毕业生在试用期的基本权利

试用期是用人单位与劳动者为相互了解而设定的考察期,属于劳动合同的一部分。在这一阶段,双方互相考察对方的条件和能力,确保双方的合作符合预期。尽管是试用阶段,劳动者的权利依然得到法律的严格保护。劳动者在试用期间享有多项重要权利,包括但不限于以下六项。

1. 要求用人单位履行就业协议,接收毕业生的权利

就业协议书是大学毕业生、用人单位与学校之间关于就业权利和义务的法律文件,具有不可违反的法律效力。一旦签订,用人单位必须严格按照协议内容接收毕业生,并为其安排适当的工作岗位,确保毕业生能够顺利融入工作环境。这不仅是对毕业生负责,也是维护教育与就业良性循环的必要措施。

2. 签订正式劳动合同的权利

在劳动市场中,一些用人单位利用不签订劳动合同的漏洞,试图规避法律责任,特

别是在解雇员工和支付经济补偿方面。这种行为不仅不公也不合法,因为即使在试用期内,未签订正式劳动合同的情况下,只要存在事实上的劳动关系,就应受到《劳动法》的保护。首先,劳动法的基本规定。根据《中华人民共和国劳动合同法》(以下简称《劳动合同法》),与劳动者建立事实劳动关系的用人单位,必须在用工开始后的一个月内与劳动者签订书面劳动合同。这一法律规定的目的是保护劳动者免受非正式雇佣关系可能带来的风险和不公平对待。其次,对于试用期的误用。一些用人单位通过仅签订试用期合同或承诺在试用期后签订正式合同,实际上是在逃避为劳动者提供稳定职位和应有的法律保护。这种行为,虽然看似给了双方一个相互评估的机会,实际上却可能导致劳动者在试用期内遭受不公平对待和无故解雇。最后,劳动者的权利维护。劳动者应积极学习和理解相关的劳动法规,以便在遇到用人单位违法行为时,能够依法维护自己的权利。对于那些试图通过不签订劳动合同来逃避责任的用人单位,劳动者可以通过法律途径追求自己的权益,包括但不限于向劳动监察部门投诉或寻求法律援助。

3. 获得劳动报酬的权利

尽管试用期员工可能在技能和经验上不如长期员工,但这不应成为用人单位免除支付工资的理由。《劳动合同法》明确规定,试用期工资至少应达到相同岗位最低工资的 80%,且不得低于当地的最低工资标准。此外,无论是试用期还是正式工作期间,只要员工在法定工作时间内提供了正常劳动,用人单位都有义务支付相应的工资。任何拒不支付工资的行为都是违法的,劳动者可以向劳动监察部门投诉此类行为。

4. 享有社会保险的权利

试用期内的毕业生和其他正式员工一样,有权获得完整的社会保险覆盖,包括养老、医疗、失业、工伤和生育保险。这些保险是员工福利的重要组成部分,用人单位应依法为员工缴纳相应的社会保险费。

5. 享有劳动保护的权利

无论是试用期还是正式工作期间,用人单位都必须为所有员工提供符合国家规定的安全卫生工作环境,并提供必要的劳动防护用品,以防止工伤和减少职业危害。

6. 解除劳动合同的权利

试用期内,劳动者有权随时通知用人单位解除劳动合同,而无需任何附加条件。用人单位在试用期间解雇员工时,必须有充分的证据证明员工不符合录用条件。此外,用人单位不得要求员工为解除劳动合同支付任何费用,如职业技能培训费,并应根据实际工作天数支付工资。

(三) 毕业生就业过程中应履行的义务

在大学毕业生步入职场之前,他们不仅享有一系列法定权利,同样也承担着一定的义务和责任,这些义务旨在保证他们能够更好地融入社会,为国家和社会的发展作出贡献。

第一,为国家服务的义务。大学毕业生在享有自主择业的权利的同时,应当根据国家的需要,在特定情况下,如国家重点项目或急需人才的行业和地区,积极参与并贡献自己的力量。这不仅是法律或政策的要求,更是大学毕业生对社会负责任的体现。

第二,真实介绍个人情况的义务。在求职过程中,大学毕业生应实事求是地介绍自己的教育背景、技能和经验,不应夸大或伪造信息。这种诚实的行为不仅有助于用人单位准确评估候选人的适用性,还能维护毕业生自身的长远职业发展和声誉。

第三,履行就业协议的义务。毕业生在接受工作职位前,通常需要签署就业协议,承诺履行相关条款,包括按时报到和完成赴岗前的准备工作。未能遵守这些条款可能会导致违约责任,影响个人信用和未来就业机会。

第四,配合学校进行毕业鉴定的义务。毕业生在离校前需配合学校完成毕业鉴定,这包括根据《普通高等学校学生管理规定》和《高等学校学生行为准则》等政策的要求,提供真实、完整的个人表现信息。

第五,保护知识产权和文明离校的义务。毕业生应保护在校期间接触和参与研发的科技成果的知识产权,不得将这些成果作为就业谈判的筹码。此外,毕业生离校时应文明办理离校手续,包括归还公物和清偿债务等。

二、劳动合同

在职场中,劳动合同是确立劳动关系和保护双方权益的关键法律文件。大学毕业生在签订劳动合同时,了解和掌握合同的内容和意义是非常重要的,以确保自身权利得到合法保护,并促进与用人单位之间的和谐关系。

(一) 劳动合同的主体和内容

(1) 劳动合同的主体。劳动合同的签订双方为劳动者(即大学毕业生)和用人单位。这两方都必须具备法律规定的资格,即劳动者应为具有法律行为能力的公民,而用人单位应具备合法的用工权。一旦劳动合同生效,劳动者将进入用人单位的行政管理体系中,需依法服从用人单位的管理。

(2) 劳动合同的内容。劳动合同通常包括两大类条款:必备条款和协商条款。必备条款是法律、法规直接规定的,不得缺失,包括劳动合同的期限、工作内容、劳动保护和条件、劳动报酬、劳动纪律、劳动合同终止条件及违反劳动合同的责任。这些条款确保了基本的工作权利和义务得到遵守。此外,双方还可以通过协商添加一些具体的约定,如试用期的长度、保密事项、特定的福利待遇等。这些协商条款允许双方根据具体情况设定更详细的工作条件和要求。劳动合同的期限分类也很重要,包括固定期限、无固定期限和完成特定工作的期限。不同类型的合同期限对劳动关系的稳定性和灵活性有着直接影响。

(二) 无效劳动合同

无效劳动合同是指从订立之初就不存在法律约束力的合同。这种合同可分为全部无效和部分无效。无效劳动合同的具体类型包括以下三种。

(1) 违反法律、行政法规强制性规定的劳动合同。如合同内容违背了劳动法律规定的最低工资、最长工作时间等。

(2) 以欺诈、胁迫的手段订立的劳动合同。如果劳动合同是在一方欺骗或强迫的情况下签订，该合同是无效的。

(3) 免除用人单位法定责任、排除劳动者权利的劳动合同。任何尝试免责或剥夺劳动者基本权利的合同条款都是无效的。

(三) 劳动合同的变更、解除、终止

1. 劳动合同的变更

劳动合同一旦依法订立，双方都有义务全面履行合同规定的条款。然而，在一些特定情况下，劳动合同可以被变更、解除或终止。

(1) 变更劳动合同。变更必须基于以下条件：

① 双方协商一致同意变更；

② 劳动合同依据的法律法规发生了变化；

③ 用人单位因市场变化或上级部门批准等原因需要调整经营策略；

④ 客观情况发生重大变化，使得原合同难以继续履行；

⑤ 其他法律法规允许的情况。

(2) 解除劳动合同。劳动者或用人单位在满足法定条件的情况下可以提出解除劳动合同，如合同条款违法、劳动者严重违反劳动纪律等。

(3) 终止劳动合同。包括合同期满自然终止、完成合同约定的工作任务等情况。

2. 劳动合同的解除

劳动合同的解除是指在劳动合同期限届满之前终止劳动合同关系的法律行为。《劳动合同法》规定，用人单位与劳动者协商一致，可以解除劳动合同。如果双方当事人经协商后均同意自愿解除劳动合同，则任何一方都不必为劳动合同的解除而承担任何违约责任。另外，当法定事由出现时，用人单位或劳动者也可单方解除合同。

(1) 用人单位单方解除劳动合同。

第一，《劳动合同法》第三十九条规定，劳动者有下列情形之一的，用人单位可以解除劳动合同：一是在试用期间被证明不符合录用条件的；二是严重违反用人单位的规章制度的；三是严重失职，营私舞弊，给用人单位造成重大损害的；四是劳动者同时与其他用人单位建立劳动关系，对完成本单位的工作任务造成严重影响，或者经用人单位提出，拒不改正的；五是因本法第二十六条第一款第一项规定的情形致使劳动合同无效的（第二十六条第一款第一项：以欺诈、胁迫的手段或者乘人之危，使对方在违背真实意思的情况下订立或者变更劳动合同的）；六是被依法追究刑事责任的。

第二，《劳动合同法》第四十条规定，有下列情形之一的，用人单位提前三十日以书面形式通知劳动者本人或者额外支付劳动者一个月工资后，可以解除劳动合同：一是劳动者患病或者非因工负伤，在规定的医疗期满后不能从事原工作，也不能从事由用人单位另行安排的工作的；二是劳动者不能胜任工作，经过培训或者调整工作岗位，仍不

能胜任工作的;三是劳动合同订立时所依据的客观情况发生重大变化,致使劳动合同无法履行,经用人单位与劳动者协商,未能就变更劳动合同内容达成协议的。

第三,《劳动合同法》第四十一条规定,有下列情形之一,需要裁减人员二十人以上或者裁减不足二十人但占企业职工总数百分之十以上的,用人单位提前三十日向工会或者全体职工说明情况,听取工会或者职工的意见后,裁减人员方案经向劳动行政部门报告,可以裁减人员:一是依照《中华人民共和国企业破产法》规定进行重整的;二是生产经营发生严重困难的;三是企业转产、重大技术革新或者经营方式调整,经变更劳动合同后,仍需裁减人员的;四是其他因劳动合同订立时所依据的客观经济情况发生重大变化,致使劳动合同无法履行的。用人单位依照本条第一款规定裁减人员,在六个月内重新招用人员的,应当通知被裁减的人员,并在同等条件下优先招用被裁减的人员。

(2) 劳动者单方解除劳动合同。

第一,《劳动合同法》第三十七条规定,劳动者提前三十日以书面形式通知用人单位,可以解除劳动合同。因为劳动合同是劳动者自愿签订的,当然也有权自愿解除,只要这种解除符合法律、法规的规定并不损害用人单位利益。

第二,《劳动合同法》第三十八条规定,用人单位有下列情形之一的,劳动者可以解除劳动合同:一是未按照劳动合同约定提供劳动保护或者劳动条件的;二是未及时足额支付劳动报酬的;三是未依法为劳动者缴纳社会保险费的;四是用人单位的规章制度违反法律、法规的规定,损害劳动者权益的;五是因本法第二十六条第一款规定的情形致使劳动合同无效的;六是法律、行政法规规定劳动者可以解除劳动合同的其他情形。

3. 劳动合同的终止

《劳动合同法》第四十四条规定,有下列情形之一的,劳动合同终止:一是劳动合同期满的;二是劳动者开始依法享受基本养老保险待遇的;三是劳动者死亡,或者被人民法院宣告死亡或者宣告失踪的;四是用人单位被依法宣告破产的;五是用人单位被吊销营业执照、责令关闭、撤销或者用人单位决定提前解散的;六是法律、行政法规规定的其他情形。

(四) 劳动合同规定的法律责任

劳动合同中规定的法律责任是确保劳动者权益得到保护和用人单位遵守劳动法规的重要手段。

1. 用人单位承担的责任

(1) 如果由于用人单位的原因订立了无效合同,给劳动者造成了损害,用人单位应承担赔偿责任。

(2) 当用人单位违反《劳动法》规定解除劳动合同或故意拖延不订立劳动合同,给劳动者造成损害时,应当承担赔偿责任。劳动行政部门也会责令其改正。

(3) 如果用人单位克扣或无故拖欠劳动者工资,或拒不支付加班费,除了必须在规定时间内支付全额工资外,还需要支付相当于工资报酬25%的经济补偿金。

(4) 当用人单位支付的工资低于当地最低工资标准时,除了需要补足差额外,还需额外支付低于部分的25%作为经济补偿金。

(5) 若用人单位的行为危害到劳动者的身体健康,造成职业病或伤残,用人单位应依据国家规定为劳动者提供必要的医疗服务并保证其享受相应的保险待遇。

(6) 如果用人单位招用的劳动者尚未解除与原用人单位的劳动合同,从而给原用人单位造成经济损失,新的用人单位需依法承担连带责任。

(7) 对于滥用职权、侵犯劳动者合法权益或打击报复、陷害劳动者的行为,用人单位或相关责任人应受到相应的行政处分,并可能追究刑事责任。

2. 劳动者承担的责任

(1) 劳动者违反《劳动合同法》规定的条件,解除劳动合同或者违反劳动合同中约定的保密事项,给用人单位造成经济损失的,应当依法承担赔偿责任。

(2) 对于违反劳动纪律达到一定程度的,应当给予行政处分或者经济处罚。

(3) 违法行为情节严重,触犯刑律的由司法机关依法追究刑事责任。

(五) 劳动合同与就业协议书的关系

目前,毕业生报到上岗以后,有很多用人单位并没有马上与之签订劳动合同,而是以就业协议书及补充协议代为履行劳动合同。虽然就业协议书与劳动合同均为用人单位录用毕业生时所定的书面协议,但二者分处两个相互联系的不同阶段,不能互为替代。

1. 就业协议书与劳动合同的区别

(1) 主体不同。就业协议书适用于应届毕业生与用人单位、学校三方之间,学校是就业协议书的鉴证方或签约方,就业协议书对用人单位的性质没有规定,适用任何单位;劳动合同只适用于劳动者(含应届毕业生)与用人单位(不含公务员单位、比照实行公务员制度设立的组织和社会团体以及军队系统)之间,与学校无关。

(2) 内容不同。毕业生就业协议书的内容主要是毕业生如实介绍自身情况并表示愿意到用人单位就业,用人单位表示愿意接收毕业生,学校同意推荐毕业生,而不涉及毕业生到用人单位报到后应享有的权利义务。劳动合同的内容涉及劳动报酬、劳动保护、工作内容、劳动纪律等,内容更为全面,劳动权利和义务更为明确。

(3) 时间不同。一般来说,就业协议书应在毕业生就业之前签订,而劳动合同往往在毕业生到用人单位报到后才签订。

(4) 目的不同。就业协议书是毕业生与用人单位订立劳动合同的依据。劳动合同是指劳动者同用人单位确立劳动关系,明确双方权利和义务的协议。

(5) 适用法律不同。因就业协议书发生争议的,除根据协议本身内容之外,主要依据现有的毕业生就业政策和法律对协议的一般内容加以解决,尚没有专门的法律对就业协议书加以约束。因劳动合同发生争议的,应依据《劳动合同法》等法律、法规来处理,通过严格的法律程序予以解决。

2. 就业协议书与劳动合同的联系

一般来说,就业协议书签订在前,劳动合同订立在后。在某种意义上,劳动合同可以视为就业协议书的延伸。例如毕业生与用人单位可以在就业协议书中约定试用期和试用期待遇,上岗后签订劳动合同时试用期条款按此约定执行。如果毕业生与用人单位就试用期满后的工资待遇、住房等有事先约定,亦可在就业协议书的补充协议中注明。

毕业生在签订就业协议书时,其身份多为学生,并非完全意义上的劳动者,尚不具备签订劳动合同的资格。所以,毕业生应先与用人单位签订就业协议书,待取得毕业资格后再尽快与单位签订劳动合同。为避免在日后订立劳动合同时产生纠纷,毕业生在签订就业协议书时还要注意尽可能将劳动合同的主要内容体现在就业协议书及其补充协议中,并注明在今后订立劳动合同时应予确认。

专题二 | 劳动争议与处理

一、劳动争议的概念及范围

(一)劳动争议的概念

劳动争议是指劳动关系当事人之间因执行劳动法律、法规和履行劳动合同而发生的纠纷,又称劳动纠纷。

(二)劳动争议的范围

《中华人民共和国劳动争议调解仲裁法》第二条规定,中华人民共和国境内的用人单位与劳动者发生的下列劳动争议,适用本法:一是因确认劳动关系发生的争议;二是因订立、履行、变更、解除和终止劳动合同发生的争议;三是因除名、辞退和辞职、离职发生的争议;四是因工作时间、休息休假、社会保险、福利、培训以及劳动保护发生的争议;五是因劳动报酬、工伤医疗费、经济补偿或者赔偿金等发生的争议;六是法律、法规规定的其他劳动争议。

二、大学生在求职中常见的劳动争议

(一)就业协议书并非劳动合同

很多用人单位和大学生对就业协议书和劳动合同的认识模糊,有的用人单位觉得签过就业协议书就行,有些毕业生甚至不知道要签订劳动合同。

应届毕业生签订的就业协议书不属于劳动合同,只是就业意向书。毕业生必须凭就业协议书与用人单位另行签订劳动合同。同时为避免用人单位反悔而造成的伤害,毕业生也可与用人单位事先约定高额违约金或赔偿金。

> **案例分享**
>
> ### 公司不签订劳动合同，可要求双倍赔偿工资
>
> 小刘毕业前与一家公司签订了《全国普通高等学校毕业生就业协议书》，约定了五年的工作期限。毕业后，小刘按约定入职该公司。此后，公司长时间不与小刘签订书面劳动合同，经过交涉，公司答复小刘说已经签订就业协议书了，就没有必要再签订劳动合同了。小刘不服，提起仲裁申请，要求解除劳动合同，并要求该公司因未签订书面劳动合同支付其双倍工资差额。劳动仲裁委员会支持了小刘的申诉请求。
>
> 【点评】
>
> 大学生与用人单位在签订就业协议书时，双方没有形成劳动关系，所签订的就业协议书也不是劳动合同。就业协议书是确定就业意向和相关权益的，包括报到日期、未来劳动合同的期限、试用期、薪酬、岗位、福利、违约金等。建立劳动关系应当订立劳动合同。如果就业协议书与劳动合同发生冲突，应该以劳动合同为准。小刘的辞职符合《劳动合同法》的规定，不必支付违约金。该公司应该为小刘办理解除劳动合同的各项手续。另外，要避免在空白劳动合同上签字，否则一旦用人单位改变约定的条件或将不利条件写入劳动合同中，劳动者就处于不利地位了。

（二）劳动合同条款不合法

《劳动合同法》规定，除涉及由用人单位提供专项培训费用对劳动者进行专业技术培训并约定服务期限的与经约定劳动者负有保密义务的外，用人单位不得与劳动者约定由劳动者承担违约金。因此，要注意劳动合同中是否有违反法律规定的条款。如果有，即使劳动者违反了合同条款的约定，也无须支付违约金。

> **案例分享**
>
> 毕业生小赵是一个性格较内向的女孩子，在求职过程中曾多次碰壁，终于有一天，某单位表示同意录用她，这令她兴奋不已。不过该单位要求先试用3个月再签约，小赵欣然同意。转眼试用期就结束了，小赵与该单位如期签订了就业协议书，但该单位在就业协议书上备注了以下条款："试用期为6个月；服务期为5年，若5年内提出调动、考研等要求，须向本单位交纳每年2 000元的违约金；其他未尽事宜按本单位有关规定执行。"小赵当时一心只想赶紧把工作定下来，

根本没有仔细推敲就业协议书,想当然地认为该单位是一家国有企业,肯定会按正规程序办事,应该不会有问题。因此,她毫不犹豫地在就业协议书"毕业生本人应聘意见"一栏签上了"同意"二字。殊不知,正是这个仓促的决定使她的合法权益受到了侵害。《劳动合同法》规定,试用期不能约定两次,约定两次的,后面的试用期约定无效;除了有专项培训服务期和负有保密义务的单位可以约定违约金外,其他让劳动者承担违约金的条款无效。

【点评】

在签署任何文件之前,应当仔细阅读所有细则,否则可能会造成不必要的损失。

(三)试用期没有权利保障

《劳动合同法》明确规定,劳动合同期限三个月以上不满一年的,试用期不得超过一个月;劳动合同期限一年以上不满三年的,试用期不得超过两个月;三年以上固定期限和无固定期限的劳动合同,试用期不得超过六个月。同一用人单位与同一劳动者只能约定一次试用期。在试用期期间,用人单位支付给劳动者的工资报酬不能低于转正后的工资标准的80%,并且用人单位在试用期期间应为劳动者缴纳社会保险。大学生要注意维护自己试用期内的相关权利,避免成为用人单位廉价的劳动力。

● 案例分享 ●

大学生在试用期解除劳动关系

某大学应届毕业生侯明应聘到一家科技公司上班,公司正式录用侯明时,与其签订了为期两年的劳动合同,并在合同中约定,试用期为两个月。可是,从上班的第一周开始,公司就要求侯明加班。因为劳动强度非常大,侯明上班半个月后,就不想再继续干了。谁知,侯明的辞职请求被公司拒绝了。侯明很迷茫,不知道公司这种强迫自己继续工作的行为是不是可以作为解除劳动关系的理由;如果劳动关系解除了,自己需不需要承担相应的法律责任。

【点评】

《劳动合同法》第三十七条规定:"劳动者提前三十日以书面形式通知用人单位,可以解除劳动合同。劳动者在试用期内提前三日通知用人单位,可以解除劳动合同。"侯明与公司签订了劳动合同,但在试用期内发现用人单位分配的工作不利于自己的发展,可以果断行使解除劳动合同的权利,并且,处于试用期的劳动者不必向用人单位说明任何原因和理由,只要提前3天通知用人单位即可。

(四)实习受伤不能享受工伤待遇

实习生在实习过程中受伤不受《劳动法》保护。但可按照《中华人民共和国民法典》和有关人身损害赔偿的相关规定处理。《最高人民法院关于审理人身损害赔偿案件适用法律若干问题的解释》规定,无偿提供劳务的帮工人,在从事帮工活动中致人损害的,被帮工人应当承担赔偿责任。大学生实习期间受伤仍然有法可依。同时,大学生在实习前为保证安全也可以考虑购买商业保险,确保自己的安全。学校也应为学生的安全提供保障。

(五)简历造假,权利得不到保障

学历在大学生求职中是一个重要的砝码,但如果大学生在求职过程中编造虚假简历,那结果只能是害人害己。

求职过程中,简历造假主要体现在两个方面,一是伪造学历;二是虚构经历。近年来,由于劳动者的简历造假而导致的劳动争议案件量逐渐增加。首先,简历造假会导致就业环境不公正,使真正优秀的大学生不能脱颖而出,造假的大学生则可能蒙混过关,进而给用人单位带来损失;其次,一旦大学生简历造假成为普遍现象,就会造成整个大学生群体的诚信度降低,使社会对这一群体产生不信任心理。

此外,由于目前法律没有规范实习期内用人单位和实习生之间的权利、义务,因此大学生毕业前参加实习时一定要和用人单位签署书面协议,自行约定相关权利、义务,比如工作期间发生意外如何处理、实习报酬怎样支付等,以备将来发生争议后有所依凭。

三、劳动争议的解决方式

劳动者与用人单位间就解雇、劳动保护、福利、保险、培训等与劳动合同有关的问题发生争议时,根据《劳动法》,我国劳动争议的处理方式有以下四种。

(一)协商解决

通过协商方式自行和解,是双方当事人应首先选择解决争议的途径,同时也是在解决争议过程中可以随时采用的方式。协商解决是以双方当事人自愿为基础的,不愿协商或者经协商不能达成一致的,任一当事人可以选择其他方式。

(二)申请调解

申请调解是指双方当事人选择向本单位劳动争议调解委员会申请调解。这种调解实行自愿原则,具体体现在两方面:一方面是只有在双方当事人都同意由企业劳动争议调解委员会处理该争议时,调解委员会才能受理该案件;另一方面是当事人可以不经过调解而直接申请仲裁。此外,由于劳动争议调解委员会主要是由职工代表、用人单位代表和工会代表组成,因此工会与用人单位因履行集体合同发生争议的情况不适合由调解委员会调解。

(三)申请仲裁

需要注意的是,因签订集体合同发生的争议缺乏法律依据,所以这类争议是由劳动保障行政部门会同有关方面进行协调处理,不可以申请仲裁。除这类争议外,对其他争议而言,劳动争议仲裁是强制性的必经程序。也就是说,只要有一方当事人申请仲裁,且符合受案条件,仲裁委员会即予受理。当事人如果要起诉到法院,必须先经过仲裁,否则人民法院将不予受理。

(四)提起诉讼

如果当事人对劳动争议仲裁委员会的仲裁裁决不服、劳动争议仲裁委员会不予受理或者逾期未作出决定的,可以在规定的时限内向当地人民法院起诉。目前法院是由民事审判庭依据民事诉讼程序对劳动争议案件进行审理,实行两审终审制。法院审理是处理劳动争议的最终程序。

发生劳动争议时要注意保存主要证据,首先是劳动合同,其次是员工手册及其他证据,如解聘函、工资签收单、病假证明等。

案例分享

小张的维权之路

某高校毕业生小张通过参加招聘会找到一份不错的工作,双方签订了劳动合同。正式建立劳动关系后,小张发现用人单位并没有依照劳动合同所约定的承诺支付劳动报酬。小张多次与用人单位交涉未果,便与用人单位大吵一架,拂袖而去。事隔3个月后,小张欲通过法律途径维护合法权益,却被告知已错失维权的最佳时机。

【点评】

现行法律对劳动争议的解决有特殊的规定。首先,《劳动法》第七十七条规定,用人单位与劳动者发生劳动争议,当事人可以依法申请调解、仲裁、提起诉讼,也可以协商解决。其次,《劳动法》第八十二条规定,提出仲裁要求的一方应当自劳动争议发生之日起六十日内向劳动争议仲裁委员会提出书面申请,仲裁裁决一般应在收到仲裁申请的六十日内作出。对仲裁裁决无异议的,当事人必须履行。再次,《劳动法》第七十九条和第八十三条规定,劳动争议案件经过劳动争议仲裁委员会仲裁为提起诉讼的必经程序。当事人不服劳动争议仲裁委员会作出的劳动争议仲裁,可以自收到仲裁裁决书起十五日内向人民法院提起民事诉讼。因此,小张在3个月后才提起仲裁,已过仲裁时效。

专题三 | 求职陷阱的识别与防范

当代大学生的就业竞争日趋激烈,部分用人单位利用大学生社会经验不足、自我保护意识差等弱点,以提供就业机会为诱饵,与大学生达成权利与义务不对等的就业协议或意向,侵害大学生的合法权益。因此,大学生应学会识别与防范各种求职陷阱,增强自我保护意识,掌握合法的维权途径,保护自己的合法权益。

一、常见的求职陷阱

(一) 招聘陷阱

1. 招聘为名,敛财为实

在招聘过程中,不少用人单位利用职位空缺作为诱饵,实施各种违法行为。首先,有些单位以招聘为名,实际上是为了非法敛财。例如,他们可能要求应聘者交出身份证以防止他们轻易离职,或要求支付押金才能开始工作。根据《劳动合同法》的规定,这些行为如扣押个人证件或索取财物都是非法的。因此,求职者在找工作时应该警惕这些非法的招聘行为。

2. 借招聘机会收集个人信息

此外,一些企业会在招聘时要求求职者提供大量个人信息,如身份证号码、家庭住址及亲属联系方式等,目的是收集这些信息进行非法销售或诈骗。为防止信息被滥用,求职者在提交简历或提供个人信息时,应尽量限制信息的详细程度,仅包括个人联系方式和学校地址等,避免提供家庭详细地址和家人电话等敏感信息,以免遭遇诈骗或骚扰。

案例分享

信息泄露导致损失

某大学的应届毕业生小伦把自己的简历上传到了一个人才招聘网站中,并在该网站中填写了自己的个人情况、求职意向,留下了手机号码等联系方式。

第二天,一个自称广告公司负责人的男子打来电话,说在网上看见小伦的简历,在详细询问了有关情况后,要求他留下家人的电话,以便通过家人对他作进一步的了解。

不久,小伦的父亲接到该陌生男子打来的电话。在了解小伦的情况后,该男子要求小伦父亲缴纳1万元的保证金,作为小伦进入公司后的服装费和体检费,并提供了一个银行账号,户主名是小伦。小伦父亲没有怀疑,马上将1万元汇了出去。小伦回到家中才知道,父亲被骗子骗走了1万元。

【点评】

从以上案例可以看出,大学生求职者在进行网络求职的过程中,一方面应使用安全性较高的大型专业招聘网站,这些网站在密码登录、邮件通知方面的技术比较成熟,通常不会出现信息泄露的危险;另一方面,大学生还要懂得保护自己的个人隐私,在填写求职信息时,姓名、手机、邮箱等联系信息可以填写,但身份证号码和家庭电话等不要轻易外传。

3. 借招聘之名宣传自己

在现代就业市场中，存在一些企业并不真正意图招募新员工，却通过发布大量招聘广告或举办盛大的招聘会来提升自己的品牌形象。这种行为虽然能够引起广泛的媒体关注和公众兴趣，表面上看起来企业非常渴望吸纳人才，实则是借招聘之名，行宣传之实。这种做法不仅浪费了求职者的时间和精力，还可能削弱大学生的求职热情和自信心，因为他们可能会频繁遭遇并最终意识到这些机会其实是虚假的。

4. 传销陷阱

传销诈骗在招聘市场中也是一个严重问题。根据《禁止传销条例》，传销定义为通过发展人员数量或销售业绩来计算和给付报酬的行为，或者要求支付一定费用以获得加入资格的行为，这些都是为了获取非法利益而扰乱经济秩序和社会稳定。许多传销组织会伪装成合法企业，利用虚假的高薪招聘广告吸引求职者，如承诺"月薪过万"或"业绩上浮20%"，这类诱人的条件往往会吸引不经验的大学生。因此，求职者在申请工作时必须认真分辨工作机会的真实性，并警惕那些要求先支付费用或参与下线发展的所谓"就业机会"。

在就业市场中，传销经常伪装成合法的招聘机会，其鉴别主要围绕两个核心要素：组织要件和计酬要件。首先，组织要件涉及到传销组织通过建立人际网络来招募成员。这些组织通常会承诺高额回报，条件是参与者需先支付一定费用或购买某些商品以加入，然后再发展新成员。这种模式俗称为"发展下线"，其中下线成员再继续发展其他下线，形成复杂的上下线网络。

其次，计酬要件则涉及两种支付模式：一种是根据直接或间接发展的下线人数来计算和发放报酬，另一种是以下线的销售业绩为基础来计算报酬。这些支付模式共同构成了所谓的"金钱链"，通过非法手段实现利益的累积。

在辨别传销时，还应注意一些常见的诱惑性语言，如"轻松月入过万"或者使用模糊的项目名称（如"1040阳光工程""五级三晋制""北部湾开发"等），这些都可能是传销的信号。此外，如果一个工作机会要求你先交钱或者发展亲朋好友加入，并承诺高额报酬，这通常是传销的典型特征。

因此，面对可能的传销陷阱，求职者应提高警觉，增强法律意识，通过正规渠道进行职业选择和商品购买，从而保护自己不受侵害。认识到传销的这些特征和操作模式，有助于避免陷入这种既危害个人又破坏社会秩序的非法活动。

（二）合同陷阱

在劳动市场中，大学毕业生常面临各种合同陷阱，这些陷阱可能严重影响他们的合法权益。

口头合同问题普遍存在。一些用人单位通过口头承诺高薪和优厚福利吸引毕业生，却在实际入职后以各种理由拒绝签订书面合同。这种做法使得劳动关系的证明变得复杂，一旦出现纠纷，毕业生往往处于不利地位。

单方合同也是常见的问题。在这类合同中，用人单位倾向于只规定员工的义务和自身的权利,而忽略或极少提及员工的权利和自身的义务。这种不平等的合同内容可能导致员工在违约或违规时承担不合理的责任和罚金。

真假合同的问题不容忽视。有些单位会制作两份内容不同的合同,一份用于日常运作,一份用于应对审查,这种做法不仅违法,还会使员工在不知情的情况下签订对自己不利的合同。

有的单位会以就业协议书代替劳动合同,试图以此减少合同细节带来的麻烦。然而,就业协议书往往缺乏关于工资、工作时间等劳动合同中必备的具体条款,不足以保护员工的权益。

空白合同的问题也十分严重。完全空白合同或部分空白合同使用人单位可以在未来随意填写内容,大学生因缺乏经验和对工作的渴望,往往不敢质疑,这给不良用人单位留下了可乘之机。

(三) 试用期陷阱

试用期本应是用人单位与员工相互了解的阶段,但不少用人单位通过设置不公平的条件来利用这一时期。常见的陷阱如下。

(1) 单独试用期合同。有些单位仅与大学生签订试用期合同,试用期结束后,以考核不合格为由无限期延长试用期。

(2) 多次试用期。有些单位违反规定,多次设置试用期。

(3) 工资问题。有些单位试用期期间不支付工资,或支付的工资低于法定标准,有时甚至承诺试用期结束后一次性支付,这种承诺往往不会兑现。

(四) 劳动合同条款陷阱

劳动合同的内容也是用人单位设置陷阱的重点区域。

(1) 诱导条款。用人单位可能利用大学生急于获得工作的心理,诱导他们接受高于市场的工资但不提供社会保险的条件。

(2) 生死条款。合同中写明"出现工伤事故一概不负责"或"生老病死与企业无关",这类条款旨在免除用人单位的任何法律责任,但根据法律,这些条款是无效的。

(3) 违约条款。有的合同会设定高额的违约金,如"合同未到期离职者需支付违约金2 000元",或"入职后升学需支付违约金4 000元"。这类条款往往用于威慑员工,避免他们在合同期内离职或改变计划。

(五) 网络招聘陷阱

随着网络平台成为主要的求职渠道,不法分子利用这一平台进行欺诈行为也日益增多。大学生在网络求职时面临多种陷阱,需要格外警惕。

1. 骗取个人信息

在网络求职过程中,求职者通常需要发布个人简历。这时候,保护个人信息尤为重要。除了在大型知名的求职网站上发布信息,大学生应避免在不明网站上公开过多个人资料。有些不法分子会假冒雇主身份,诱骗求职者提供银行账号、电话号码或身份证号等敏感信息,这些信息可能被用来伪造证件或进行其他非法活动。因此,网络求职时,必须确保网站的安全性和可靠性,对个人信息的保护应该持续警觉。

2. 利用网络榨取劳动力

网络招聘不仅可能涉及到财务或个人信息的诈骗,还可能涉及到劳动力的盗用。一些不法企业针对大学生急于找工作的心理,诱使他们参与所谓的"项目"或"试职",在没有任何报酬的情况下骗取其智力成果。这类骗局通常不直接索取金钱,而是通过虚构的职位或项目,利用求职者的专业知识或创意成果,实质上是一种劳动力的剥削。

案例分享

网络招聘乱象

张某和杨某经网络招聘成为一家公司的签约主播。然而,他们很快发现工作内容与最初的约定不符,因此提出辞职。对此,公司却以合同为据,要求他们支付10万元违约金及其他高额赔偿。这让两人意识到自己在签约时未能仔细审查合同中的不合理条款。

兼职工作同样充满风险。例如,研究生刘某在招聘网站上发现了一个剧本翻译的兼职职位。她的英语能力帮助她轻松通过了笔试,但招聘方要求她缴纳2 400元保证金以防泄密,声称这是常规做法。尽管起初有所疑虑,但对方展示的营业执照让她消除了疑虑。不过,当她开始工作后,刘某发现剧本质量低劣,且工作量庞大,难以完成任务。尝试联系雇主讨论工作进展时,她惊讶地发现自己已被拉黑。

刘某的不幸遭遇并非孤例。有些招聘网站以收取服装费、体检费、培训费、保险费、押金或手续费等名目诈骗求职者。在成功骗取钱财后,这些不良雇主要么迅速消失,要么以各种借口拒绝安排工作,直至他们携款潜逃。

【点评】

处在当今的网络时代,大学生应谨慎辨别网络招聘陷阱,通过正规、官方的招聘网站求职。

二、大学生求职防骗策略

(一)求职前先甄别企业的真伪

在求职过程中,大学生应充分利用国家企业信用信息公示系统,通过该平台查询目标公司的信用信息,包括公司是否真实注册,是否存在经营异常或违法失信行为。这一步骤对确认公司的合法性和信誉度至关重要。此外,大学生还可以通过社交媒体和专业问答平台如知乎,向在职或已离职员工询问有关公司的详细情况。这包括但不限于公司的薪酬待遇、面试流程、工作环境和工作时间等方面。

(二)牢记面试的注意事项

1. 避免支付不合理费用

求职者应警惕任何要求支付服装费、介绍费、体检费、培训费等的公司。正规公司不会要求求职者支付这些费用。若不慎上当受骗,应立即向当地劳动保障监察部门或公安部门报案,寻求法律援助。

2. 不抵押身份证

在面试时,如有要求上交身份证的情况,应提高警觉,这可能是传销或其他欺诈的迹象。根据国家相关部门规定,任何机构或个人无权扣押或抵押求职者的身份证。

3. 保护个人信息

求职者在填写简历或进行面试时,应避免提供过多的个人详细信息,尤其是在网络环境下,以防信息泄露。

4. 避免前往偏远地点面试

如果面试地点位于偏远地区,求职者应先详细了解位置,并尽量在网上查找相关信息。不宜独自前往,最好有同学或朋友陪同,并事先告知家人。

5. 谨慎添加未知联系方式

在求职时,不应轻易添加招聘方提供的私人联系方式如微信等,这不仅有助于保护个人隐私,也便于在出现问题时能够有效举证。

(三)大学生自我保护的方法

1. 端正求职心态,做好充分准备

面对激烈的就业竞争,大学生应保持平和心态,避免因焦虑或急躁而轻信虚假信息。这要求求职者在申请工作前,对心理状态进行调整和准备,增强判断力,从而避免受到不法机构的利用。

2. 深入了解用人单位

在正式签约前,通过多种渠道了解用人单位的详细情况是必要的。包括查阅公司的信誉,了解公司文化,员工评价等,实地考察公司也是一个有效的选择。这样可以更全面地把握公司的实际运营状态和工作环境。

3. 谨慎处理就业协议和劳动合同

大学生在签署任何就业文件时,都应细致阅读合同条款,清楚理解自己的权利和义务。确保合同中不含任何不利于自己的隐蔽条款,以防将来发生纠纷。

4. 增强法律意识和契约意识

学习与就业相关的法律知识是保护自己权益的基础。在签约和工作期间,不仅要通过合同保护自己的权利,也要了解并履行自己的义务。对于任何试图利用法律空白的不法行为,要坚决依法处理。

5. 积极维护自身权利

当权益受到侵犯时,大学生应勇敢地使用法律手段进行维权,而不是默默忍受。了解和运用相关法律知识,可以有效地维护自己的合法权益,确保在与用人单位的关系中处于平等地位。

(四)维权求助的途径

当大学生在求职过程中遇到权益受侵犯的情况时,应冷静并通过以下合法途径来维护自己的权利。

1. 依靠学校资源

大学生应首先向学校的就业指导部门报告问题。学校通常负有保护学生合法权益的责任,能提供直接的支持,并可采取措施规范用人单位的招聘行为,防止不公平或非法的招聘实践。学校还可以作为中介,帮助学生与用人单位进行沟通和协商,寻求问题的和解。

2. 求助于国家机构

受侵权的大学生可以向相关行政部门如劳动监察部门、市场监督管理部门等报告或投诉。这些部门有权利进行调查并采取措施,以确保遵守就业法规,保护求职者的权益。

3. 借助媒体的力量

在必要时,可以通过报纸、电视或互联网等媒体渠道公开不正当行为,借助公众舆论和媒体的监督力量,推动问题的解决。这种方法能够迅速引起公众和有关部门的关注,促进问题的公正处理。

4. 寻求法律援助

如果经济条件允许或在特殊情况下,大学生可以向法律援助中心申请帮助,获得免费或低成本的法律服务。法律援助可以包括刑事辩护、民事诉讼代理、法律咨询等多种形式,帮助求职者处理复杂的法律问题。

5. 依靠司法途径

如果其他途径无法解决问题,可以依据《中华人民共和国民法典》和其他相关法律,通过司法途径维权。这包括向公安机关、人民检察院或人民法院报案或提起诉讼。司法途径可以为受害者提供最终的法律解决方案,确保其合法权益得到实质性保护。

课 后 实 践

一、就业法律、法规知识挑战赛

1. 活动目的

让大学生了解国家的就业法律、法规,增强用法律武器维护自己合法权益的意识。

2. 活动流程

(1) 班级全体成员参与,3人一组。

(2) 指导教师根据就业相关法律、法规整理出挑战赛的题库,题型可采用单选题、多选题、判断题等形式。

(3) 竞赛以小组积分、抢答等形式展开。积分最多的队伍获胜。

二、大学生就业侵权行为调查

1. 活动目的

让大学生熟悉各种求职陷阱的形式,增强自我安全防范意识。

2. 活动流程

(1) 组建合作学习小组。学生之间自由组合,5人一组,民主选出小组组长。

(2) 收集资料。组长主持一次"头脑风暴",大家各抒己见,集思广益,寻找收集信息的有效途径,如互联网、图书馆等。

(3) 以小组为单位,收集身边大学生在兼职、实习、求职过程中被侵权的典型案例,并将这些案例进行分类、整理。

(4) 调查结果分享。调查结束后,小组以演示文稿(PPT)、视频等形式进行汇报,小组之间进行交流。

三、案例分析

2023年5月,刘然从天津市某高校毕业,他以应届毕业生的身份与甲公司签订了就业协议书,学校作为第三方,共同约定:甲公司同意录用刘然;刘然自愿到甲公司报到就业;任何一方不得违约,否则将承担违约金8 000元。同年7月,甲公司将刘然派遣到其子公司乙公司工作,后双方签订了为期3年的劳动合同。2023年8月,刘然提出辞职,乙公司要求刘然支付违约金8 000元。刘然支付违约金后,认为自己当初是与甲公司签订的就业协议书,乙公司无权收取违约金。为讨回这笔违约金,刘然将这两家公司一并告上法庭。甲公司和乙公司则认为,自己收取违约金理由充分,不予退还。甲公司诉称,刘然提前离职违反了就业协议书,应当支付相应的违约金,而乙公司是代自己收取违约金的,故要求法庭驳回刘然的诉讼请求。

问题:

刘然需要支付与公司、学校签订的就业协议书中规定的违约金吗?为什么?

职业素养篇

模块五

职场适应

(1) 熟悉入职前需要做的准备工作。
(2) 了解学生角色与职业角色的区别。
(3) 认识角色转换中常见的问题及其解决对策。
(4) 掌握树立职场中良好第一印象的技巧。
(5) 树立不断学习、提升自己的意识。

找回在"Ctrl"键上消失的工作热情

小刚在学校是个好学生,学习不错,成绩优秀。可是,自从他来到公司后,觉得虽然业务不难学,但是工作担子太重,累得喘不过气来。原来自己最喜欢的电脑也变得不好玩了。他整天坐在电脑前进行人机对话,通过键盘把自己想说的话输入到电脑,电脑通过显示屏把自己的劳动成果输出给自己,没有表情、没有微笑。

他长时间坐在电脑桌前,两眼直视着屏幕,双手不停地敲击键盘,"Ctrl+A""Ctrl+X""Ctrl+C""Ctrl+V",工作枯燥,重复劳动,而且饮食不规律、睡眠质量不高,电脑辐射、熬夜加班让他腰酸背痛、精疲力尽。小刚心里总想当逃兵,可是在同学聚会上知道同学们都很疲劳的时候,又感到没有退路,只能干下去,工作热情渐渐消退。小刚对同学说:"Ctrl"的含义就是"C(Ctrl)t(踢倒)r(热情)l(了)"。

> **【点评】**
> 一个初入职场的新人,面对工作压力,要咬牙坚持,而不能退缩逃避。要依靠自己的努力,根据现实环境调整自己的期望和心态。想要找回工作热情,最好的办法就是以最快的速度熟悉业务,并在工作中摸索窍门,掌握经验,这样,就会轻车熟路、熟能生巧。

专题一 职业适应

近年来,随着企业经营环境的发展和人才市场供求结构的变化,越来越多的职场人感到了更大的竞争压力。一个初入职场的新人,面对工作压力,只能咬牙挺住,而不能退缩,不能逃避。大学生在过渡过程中要靠自己的努力,别人只能帮你,而不能替代你。在这种情况下,具有强大的承受压力的能力,以及根据现实环境调整自己期望和心态的能力就显得尤为重要。

一、职业适应的内容

大学生在初上岗阶段,一定要充分认清自己的角色性质、位置、职责范围,明确自己的工作内容、工作特点及社会对这一角色的期望等。只有这样才能明确在工作中怎样去做、做些什么、怎样才能做好等。走上工作岗位后,要积极进行自我调整,尽快适应新的工作环境,在竞争中生存、发展,从而实现自己的人生价值。

(一) 角色适应

大学生需要从学生角色转变为职业角色,这是步入职场后的首要任务。这包括对工作岗位的职责、性质和地位的适应,以及如何运用在学校中学到的知识和技能来履行岗位职责。若不能及时调整自己的思想观念和行为习惯,可能会难以满足职业规范的要求,影响工作表现。

(二) 心理适应

初入职场的大学生往往会经历一系列心理变化,包括情绪调整和心理状态的适应。情感适应尤为重要,因为工作环境的改变要求他们调节情感以适应新的环境。此外,初期可能会出现依赖、从众、畏惧、浮躁或迷惘等不良心理状态。建议通过自我心理调节和必要时寻求心理咨询专业人员的帮助来解决这些问题。

(三) 生理适应

新工作往往伴随着不同的工作时间、节奏和劳动强度,这对身体会是一个挑战。例如，外科医生需长时间站立操作，中小学教师则面临快节奏且作息严格的工作环境。大学生需要逐渐改变自己的生活习惯，培养守时、有序的工作态度。通过劳逸结合和增加体育锻炼，可以帮助他们更快适应这些生理上的要求。

（四）群体适应

大学生从学校到职场的过渡涉及到从一个熟悉的社交环境进入到一个全新的社会群体，这需要他们快速适应多样化的人际关系。在职场中，他们将与不同背景、不同年龄和不同经验的人共事，这些人可能包括领导和同事。这种变化要求大学生学习如何有效地与人沟通和协作，以及如何在新的社会群体中建立自己的位置。这不仅需要社交技能，也需要敏感性和适应力来理解并尊重职场的多样性和专业性。

（五）知识适应

此外，知识适应对大学生同样至关重要。他们在大学期间构建的知识和能力结构需要在职场中得到实际应用和验证。大学生必须调整和完善自己的知识结构，使之符合职业岗位的实际需求。在知识经济时代，知识更新速度非常快，这要求他们不断学习新的技能和信息，以跟上科技进步和职业实践的发展。这不仅是一个主观努力的过程，也是一个必须通过持续学习和实践经验来实现的过程。

从时间维度看，职业适应一般经历摸索、调整和适应三个阶段。

（1）摸索阶段：大学生初入职场，对工作的各个方面都处于认知和探索阶段。

（2）调整阶段：经过一段时间的工作，开始能够结合实际情况调整自己的思想、心态和技能，以更好地适应职业要求。

（3）适应阶段：最终适应职业角色和职业生活，形成有效的工作方式和思维模式。

职业适应是一个动态的过程，随着科技的发展和职业需求的变化，需要不断地进行自我调整和学习。大学生应意识到，职业生活是一个持续适应和成长的过程，需要他们不断地调整和完善自己的能力和知识结构。

二、职业适应的基本要求

（一）正确面对现实，自我认识与定位

新职场人员首先需要面对的是全新的工作环境和更高的规范要求。这需要他们快速调整心态，正视现实。重要的是避免自卑或自负，而应保持自信与谦逊，勇于实践并善于向经验丰富的同事学习。这样不仅有助于理论与实践的结合，还能加速获得同事和领导的认可。

（二）热爱本职工作，培养职业兴趣

热爱工作是职业适应的基础。大学生应尽快从学生模式转变为职业模式，全心投入到工作中。持续的热情和专注不仅有助于角色转换，也是培养职业兴趣和实现职业成就的关键。

(三)主动了解岗位环境,敬业爱岗

了解新单位的历史、现状及规章制度是职场适应的重要部分。安心工作并全力以赴是职业成功的要素。对工作的热爱和奉献精神能够提升工作效率并促进个人职业发展。

(四)勤奋学习,虚心求教

尽管大学生具备扎实的基础知识,但职场往往需要更广泛和深入的专业知识。持续学习并根据职业需要调整知识结构是必要的。此外,应主动向经验丰富的领导和同事学习,提高解决问题的能力和专业技能。

(五)勇于承担责任,团结协作

职场新人应树立强烈的责任感,积极承担工作责任,并发挥团队合作的力量。无论是个人努力还是团队协作,都是实现职业目标的重要因素。

(六)正视困难,持续坚持

职场初期可能会遇到各种挑战和困难。重要的是保持坚韧不拔的精神,不轻易放弃。面对挑战时,应实事求是地分析问题并寻找解决方案,而不是轻易选择放弃。

(七)以积极的心态面对就业

常言说,机遇总是垂青于有准备的人,这就要求大学生要具备谦逊、团结、专注、坚持的品质。在就业竞争中,每一个大学生都渴望成功,要想在这场没有硝烟的战斗中笑到最后,就必须从踏出大学校门开始,做好就业心理准备。

三、提升职业适应能力的方法

(一)对工作环境的适应

对于刚从学校毕业步入职场的大学生来说,适应全新的工作环境是成功职业生涯的关键步骤。以下是三个实用的策略,帮助新职场人士更好地适应工作环境。

1. 积极适应新生活环境

(1)熟悉当地文化。了解工作地点的饮食习惯、风俗习惯等,可以帮助大学生更快融入新环境。这不仅有助于日常生活的适应,也能减少因文化差异导致的误解。

(2)探索周边环境。熟悉新工作地点的周围环境,如公共交通、餐饮场所、医疗设施等,能够使生活更为便利,减轻适应压力。

2. 主动适应工作相关事宜

(1)职前培训和自我学习。积极参加公司提供的职前培训,了解岗位职责、公司文化及业务流程。此外,通过阅读相关材料和在线资源自我学习也非常重要。

(2)与同事和领导交流。主动与同事和领导沟通,了解工作性质、工作习惯和规范等,这不仅有助于快速融入团队,也能加深对工作的理解。

(3)观察和模仿。通过观察经验丰富的同事的工作方式和行为习惯,学习他们处

理问题和任务的方法。

3. 积极的心态调整

(1) 保持乐观。面对新的挑战和环境,保持积极乐观的态度至关重要。这能帮助你更快地适应环境,同时也能减轻初期可能出现的压力感。

(2) 勇于提问和学习。不要害怕提问或显得不知所措。在职场中,提问是学习和成长的重要途径,也是显示你对工作认真和积极态度的方式。

(二) 对人际关系的适应

适应职场人际关系对于职场新人来说是一个重要的挑战,也是职业发展的关键。下面是四个有助于新员工建立和维持良好职场人际关系的策略。

1. 树立良好的第一印象

(1) 穿着整洁得体。适合职业环境的穿着不仅展示个人的职业形象,也是对工作的尊重。保持个人卫生,穿着合适的衣服,可以帮助职场新人更好地融入团队。

(2) 言谈举止得体。职场新人应注意言辞谨慎,表现出谦逊和尊重,避免过于随意或放肆的言行,这有助于增强同事之间的良好关系。

(3) 积极主动的工作态度。展现出愿意学习和承担责任的态度,通过实际行动证明自己的能力和职业素养。

2. 处理与领导的关系

(1) 尊重并服从领导。在工作中服从领导的指导和安排,即使有不同意见,也应选择适当的时机和方式表达。

(2) 维护领导的权威。在公开场合支持领导的决策,私下中通过建设性的反馈方式提供意见。

(3) 礼貌待领导。在日常交往中注意礼仪,如在适当的场合主动问候领导,尊重领导的意见和指示。

3. 适应与同事的关系

(1) 虚心求教,低姿态。尊重每位同事的工作和经验,无论其职位或背景如何,都以学习者的态度互动。

(2) 尊重并倾听。在团队中尊重他人的意见,积极倾听并考虑老员工的建议和经验。

(3) 诚实守信,友善相待。在同事间建立信任关系,通过诚实守信的行为赢得同事的尊重和信任。

(4) 乐于助人。在可能的情况下帮助同事解决问题,表现出团队精神和合作态度。

4. 适应与外部工作人员的关系

(1) 保持专业和礼貌。在与外部人员交往时,保持专业的态度,正确代表公司的形象。

(2) 维护公司机密。在与外部人员交流时,注意保护公司的机密信息,不越权做出决定或承诺。

(3) 扩展职场网络。利用与外部人员的互动机会扩展个人的职业网络,这不仅可以增加工作上的机会,也能提升个人的行业影响力。

> **案例分享**
>
> **消极应对,自食苦果**
>
> 刘海是建筑工程技术专业的一名应届毕业生,毕业后,他应聘到了某大型建筑公司,公司安排他到建筑工地一线进行半年的见习。
>
> 在建筑工地,工程经理安排他每天检查工程进度,熟悉工程流程。刚开始刘海非常积极,三周后,他开始有点受不了了,脾气也慢慢暴躁起来。
>
> 一次检查中,一个工人不小心撞了他,他直接冲上去骂了那个工人一通,两个人差点动起手来。工程经理知道此事后,批评了刘海两句,让他不要和那个工人一般见识。
>
> 从此以后刘海去工地检查的次数减少了许多,遇到问题也不处理,结果工程未能按期交工,刘海被迫辞职。
>
> 【点评】
>
> 刘海在工作中对工作环境和人际关系不能及时适应,影响了自己的工作情绪,导致工程的延期和自己的辞职。在新的职业岗位上,工作环境和人际关系的适应是职业适应的重中之重,应该引起大学生的重视。

(三) 对生理方面的适应

大学生步入工作岗位,大部分都将在一线工作,甚至进入生产流水线。相对于大学自由舒适的生活,一些人难以适应工作环境与工作强度。

为了尽快适应工作节奏,大学生要做到如下三点。

(1) 多看多听多做,把更多的精力用在工作上,丰富实践经验;向有工作经验的同事学习,锻炼自己的工作能力。

(2) 尽快融入团队,真诚待人、坦诚为人,建立融洽的同事关系。

(3) 保持理智,遇到困难要冷静分析,再虚心请教,结合他人的意见找出合理的解决办法。

在适应初始阶段,要尽快调整自己的生活习惯和作息时间,早休息、少熬夜,加强体育锻炼,增强体质,甘于吃苦耐劳。

(四) 对工作心态方面的适应

适应职场的心态对于大学生来说至关重要,尤其是在初入职场时面对种种挑战和压力。以下是一些具体的策略,可以帮助职场新人调整和优化他们的工作心态。

1. 摆脱依赖心理

(1) 自我激励与自主行动。摆脱在学校中对老师和家长的依赖,开始自主解决问题。这需要通过自我激励和不断尝试处理工作中的挑战,从而建立自信和独立性。

2. 适当调整心理预期

(1) 设置实际目标。调整对工作的期望值,设定符合实际情况的目标。了解职场环境通常需要时间,因此在初期,应专注于学习和逐渐适应,而不是立即求成。

(2) 耐心与持久性。学会耐得住寂寞,懂得职业成长是一个长期且循序渐进的过程。

3. 努力提升业务技能

(1) 持续学习。职场并不是学习的终点,而是新的学习起点。应抓住每一个学习和成长的机会,无论是通过正式的培训还是日常的工作经验。

(2) 虚心求教。向经验丰富的同事学习,不仅是技能上的,更在于工作处理和人际交往等多方面的能力。

4. 提升抗挫折的能力

(1) 寻找支持系统。与信任的同事或朋友分享压力和困惑,不仅可以得到有用的建议,还可以通过社会支持来减轻压力。

(2) 自我肯定与调整。在挫折面前学会自我肯定,总结经验,调整策略。认识到生活中的挑战是成长的催化剂,有助于塑造更坚韧的个性。

5. 保持乐观心态

(1) 积极参与社交活动。通过参与娱乐活动和公益事业不仅可以扩展社交圈,还可以在帮助他人的同时增强自己的心理健康。

(2) 培养兴趣爱好。发展个人兴趣和爱好,以此来平衡工作和生活,缓解压力,提升生活质量。

专题二 职业角色适应

一、角色认知

(一) 社会角色的含义

社会角色是人们在特定社会地位和身份下,由社会群体基础和互动期望构成的行为模式和规范体系。这一概念反映了个体在社会和人际关系中的定位,以及与之相关的身份标识。个体的社会角色具有动态性,因时间、场合和环境的不同而有所变化,要求个体在不同情境下展现不同的行为和承担不同的社会职责。

(二) 社会角色的基本要素

社会角色的构成包括三个基本要素:角色权利、角色义务和角色规范。

角色权利:这一要素定义了个体在社会中享有的特定权益,包括对他人或资源的控制权以及应得的物质和精神回报。

角色义务：指定了个体在社会中承担的责任，例如教师的角色不仅包括传授知识，还应致力于学生的全面发展。

角色规范：涉及个体在执行角色权利和义务时必须遵循的行为准则，如教师在教学中应保持语言文明和仪表得体。

二、角色转换

角色转换是个体在社会关系和职业生涯变化中从一个社会角色过渡到另一个角色的过程，核心在于社会权利和义务的转变。

（一）角色转换的环节

对大学生而言，这一转换从学生角色到职业人员角色的转化涉及多个阶段，包括角色的获取和进入。

1. 获取角色

在大学期间，学生需要对未来职业进行规划，并积极准备就业，这个阶段是角色转换的准备期。学生通过了解社会对人才的需求，制定职业规划，并在大学的最后阶段进行就业准备。这个过程中，学生逐渐从学习者的角色转变为即将步入职场的角色。

2. 进入角色

毕业后，学生正式进入职场，这时角色转换正式开始。初入职场的大学生需要适应新的工作环境，包括熟悉单位的规章制度、了解工作的业务流程、建立新的人际关系网，以及积极开展工作。这一阶段，学生需要展现出与新角色相匹配的资质、品质和能力。此外，职场中可能出现的困难和挑战也是必须要应对的，这包括学习新知识、求助于领导和同事以及增强心理承受力，以便更快适应和完成角色转换。

（二）角色转换过程中的问题

在大学生从学生角色向职业角色的转换中，经常会出现几个主要问题，主要是由于新旧角色间的冲突、个体心理和认知的不适应造成的。

1. 对学生角色的依恋

多年的学习生涯形成了大学生在学习、生活和思维方式上的习惯性行为。毕业初期，很多人会无意中持续处于学生思维模式中，用学生时期的标准来衡量自己的职业行为，这导致他们在处理工作时可能无法适应职场的要求。

2. 对职业角色的畏惧

新工作环境的陌生感和不确定性会使一些大学生感到心理紧张，不知如何着手处理工作和人际关系，导致在职场中过分谨慎或畏缩不前。

3. 态度上的自傲

一些大学生对自己的教育背景过于自信，可能会轻视基层工作和工作人员，认为这些工作不配合自己的能力和身份。这种高傲的态度可能会妨碍他们在工作中的有效表现和职业发展。

4. 作风上的浮躁

受到社会某些不良风气的影响，一些大学生可能表现出不稳定和浮躁的工作态度，经常变换工作意向，没有能力深入了解和致力于特定的职责和技能。

5. 心理上的失衡

步入社会的大学生可能会过度比较自己与同龄人的职业成就，如收入、晋升机会等，容易因此感到不满或产生嫉妒、悲观等负面情绪。这种心理失衡可能会影响他们的职业稳定和个人幸福。

> **案例分享**
>
> ### 转换角色的小王
>
> 小王是一名毕业于某高校的女大学生，在校期间专业成绩优秀，还担任校学生会主席一职。经过几年的学生工作，小王的语言表达能力和为人处世能力都得到了非常大的提升。她在就业初期满怀信心，但由于专业冷门，她在几家工作单位都碰了壁，结果产生了自卑感，认为自己能力不足、学历不高，处处不如别人。于是小王及时调整心态，克服恐惧心理，把理想转化为职业目标，并根据自己的能力水平制订出切实可行的求职方案，最终她找到了理想的工作。
>
> 【点评】
>
> 从学生转变成职场人是大学生走出校门的第一步，大学生应该结合自己的综合能力，选择一条最适合自己的求职途径，将自己在校期间所学到的知识和能力运用到实践中，勇敢面对求职过程中的种种挑战。

（三）角色转换的原则

角色转换是一个复杂且持续的过程，需要大学生在步入社会后坚持不懈地努力。在这一过程中，大学生应遵循以下六个原则，以确保平稳地完成从学生角色到职业角色的转换。

1. 调整就业心态，做好心理准备

成功的角色转换首先需要心理上的准备。大学生应提前调整心态，做好面对挫折的准备，以平和的心态迎接职业生涯中的起伏。

2. 热爱本职工作，培养职业兴趣

对工作的热爱和对职业的兴趣是完成角色转换的关键。新毕业的大学生需要迅速从学生模式转变，全心投入到职业工作中，以培养持久的职业热情和兴趣。

3. 虚心学习知识，提高职业素质

持续的学习和提升职业素质是角色转换的重要组成部分。大学生应该虚心向同事学习,不断丰富专业知识,提高解决问题的能力。

4. 勤于观察思考,善于发现问题

通过观察和思考,大学生可以更好地发现并解决工作中的问题,这对于他们适应新角色至关重要。这也有助于培养独立工作的能力和独到的见解。

5. 勇挑工作重担,乐于无私奉献

大学生应该树立主人翁意识,增强社会责任感。通过承担更多的工作责任和无私奉献,他们可以更快地适应职业角色,并积极推动自我成长。

6. 树立远大目标,做好眼前工作

虽然有远大的职业目标是必要的,但同时也需要关注并出色完成眼前的工作。这种平衡是实现长远职业发展和个人愿景的基石。

> **案例分享**
>
> ### 个人目标与企业目标的冲突
>
> 小李大学毕业后进入了一家私营企业,他的职业规划是五年后进入知名外企,为此他希望锻炼管理能力。而公司想在销售方面培养他,并对他进行了相关的培训。小李认为这与自己的个人目标相违背,所以便集中精力在个人目标的努力上。领导知道了小李的想法后,认为他迟早要离开公司,而且不能专心工作,所以不再将一些比较核心的工作交给他。在培训和福利方面,小李也被冷落了。
>
> 【点评】
>
> 这类问题在职场新人身上时常发生,他们的个人目标往往过于远大,甚至不切实际。在个人目标与企业目标的冲突很大的情况下,务实的做法是:在不了解社会的情况下,应先以企业目标为先,以得到企业的认可,参与核心工作,得到锻炼,学到更多的经验,从而得到更多学习培训的机会和更高的待遇。
>
> 大学生只有正确认识了环境,积极调整心态,适应角色转变,为职业生涯做好充分的准备,才能迅速适应新的环境,才能在新的人生旅途中发挥自己的才干,放飞人生的理想,实现更高的社会价值。

(四)角色转换的实现

人的一生会经历多次社会角色的转换,其中从学校步入社会是一次重要的角色转换。这个过程不仅是职业生涯的开始,也是个体社会责任感的培养过程。

1. 对社会角色的认知

角色转换的成功首先依赖于对社会角色的清晰和全面认识。大学生需要了解自己即将扮演的社会角色包含的权利和义务,以及预期的行为标准。通过深入了解这些角色的社会功能和个人责任,学生可以更好地调整自己的心理预期和行为模式,减少职业初期可能遇到的心理障碍。

2. 学生角色向职业角色的转变阶段

(1) 在校期间的实践。在校期间通过专业劳动和社会实践,大学生可以开始接触社会,理解专业的实际应用,这有助于他们形成对职业角色的初步认识和认同。这种实践不仅增强了专业技能,还帮助学生在实际工作中应用所学知识,为将来的职业生涯打下基础。

(2) 毕业前夕的角色转变。求职过程本身是一个从学生角色向职业角色过渡的重要阶段。在这一时期,学生通过与未来可能的雇主接触,能够更全面地了解职场的要求和自己的职业定位。这一阶段的经历有助于学生根据社会的反馈和个人的职业期望来调整自己的角色认知。

(3) 试用期的角色转变。试用期通常被视为职业角色转换的"磨合期"。这一时期,新毕业的大学生需要适应与学习生活截然不同的工作环境和生活条件。在试用期间,学生应加强对职业角色的学习和理解,适应新环境,克服工作中的困难,以确保角色转换的顺利完成。

3. 实现角色转换的具体表现

(1) 活动方式的转换。当大学生从学校进入职场,他们的主要活动从学习知识转变为运用知识。这种转换意味着从被动接收信息到主动应用信息的转变,从理论输入到实践输出。在学校中,学生的活动主要依靠记忆和理解,而在职场中,则要求他们创造性地结合实际情况来运用这些知识和技能。这种活动方式的改变可能会让即便是成绩优异的学生也感到初期的适应挑战。

(2) 社会责任感的增强。社会对职场人的责任感要求更高,评价也更为严格。学生的学习表现主要是个人层面的评价,而职场人的工作表现则直接关联到社会责任。例如,医务工作者的任何疏忽都可能导致严重后果,并从职业道德和法律责任的角度受到社会的严格评判。因此,一旦大学生步入职场,他们就会按照职业人的标准来评估,这要求他们对自己的职业行为有更高的责任感。

(3) 全面独立的实现。职业生涯的开始通常伴随着经济独立,这进一步推动了大学生在其他生活领域的独立性。工作上的独立不仅意味着能够独当一面,还包括在学习和个人发展上的自我驱动,生活上的自我管理,以及在社会关系中的积极履行义务。对于长期依赖家庭和教育体系支持的学生来说,这是一项全新的挑战。全面独立的快速实现为个人的长远发展和职业成功创造了有利条件。

4. 完成角色转换要迈过的四道"门槛"

完成角色转换需要应届毕业生克服四个主要的挑战,或"门槛",这些挑战涉及从心态到实际操作的多方面改变。

(1) 第一道门槛:从前的角色。应届毕业生需要从熟悉的学生生活过渡到全新的职场环境,这是一种从学习到实际应用知识的转变。这个转换过程中,毕业生需要适应如何在工作中实现自己的价值,融入新的团队和办公文化。他们需要了解职场环境并对自己选择的行业有深入的认识,这有助于他们更快适应并展示自己的能力。

(2)第二道门槛:环境壁垒。进入职场后,新人可能会遇到冷漠的同事和难以相处的上司,还可能面临工作内容的枯燥乏味。这些因素都可能成为职场适应的障碍。应届毕业生需要根据实际环境调整自己的期望,并学会积极面对和解决人际关系中的问题,以便更好地融入新环境。

(3)第三道门槛:目光短浅。职场新人可能对自己的专业适应性和职业前景缺乏全面的理解,这可能导致他们在职业选择和发展上产生困惑。毕业生应评估自己的专业资质与职业要求的匹配度,并思考当前的工作如何能为未来的职业发展带来机会,从而做出更明智的职业决策。

(4)第四道门槛:想要放弃。职场中的挑战和挫折可能让职场新人感到迷茫和想要放弃。在面对这种情况时,他们需要学习如何坚持并客观分析自己的职业困境。通常,经过大约三年的工作,职场新人会对自己的能力和职业潜力有更清晰的认识,这是决定是否继续在当前路径上发展或是寻求新机会的关键时期。

专题三 | 职业心理适应

大学生在就业过程中所面临的心理调适问题是十分关键的,因为它不仅关乎到个人的职业发展,还涉及如何健康地融入社会。

一、大学生应具备的心理素质

理解并发展必要的心理素质是实现成功职业生涯的重要步骤。这些心理素质包括积极的学习态度、良好的情绪和情感状态以及坚强的意志品质。

(一)积极的学习态度

大学生应充分利用在校学习机会,不仅要学习专业知识,还应培养创新思维和广泛的综合素质。通过参与多样化的活动,他们可以扩展视野,为未来职业生涯打下坚实的基础。积极的学习态度有助于大学生在面对职业挑战时,能够持续自我提升和适应不断变化的工作要求。

(二)良好的情绪和情感状态

情绪和情感是个体对环境反应的一种表现,直接影响到个体的决策和行为方式。大学生需要学会管理自己的情绪和情感,特别是在压力大的就业环境中。良好的情绪状态可以增强个人在求职过程中的表现,使他们能够更好地利用自身的优势和特长。

(三)坚强的意志品质

意志力是面对职业挑战和困难时的关键心理支柱。大学生应通过实际行动培养坚强的意志品质,如明确自己行动的目的和社会意义、果断地做决定、适当控制行为和情绪、优先处理重要任务以及展现坚持不懈的精神。这些能力将帮助他们在面对就业中的不确定性和挫折时保持坚定不移。

二、运用正确的方法进行心理调适

大学生就业通常要承受一定的压力。从某种意义上说,压力可以催人奋进,但压力超过自己应对的极限时就会使人崩溃。所以,当就业过程中遇到无法承受的压力,并产生各种心理冲突时,大学生应该采用正确的方法进行自我调适。

(一)自我反省

面对就业中的各种矛盾和问题,大学生首先要正确认识和评价自己,了解自己的性格特点,知道自己的优势与不足,明确自己未来的发展方向,弄清楚自己最适合从事什么职业等。只有通过理智、冷静的思考,才能客观地评价自己,才能在就业中准确定位自己,进行科学的人职匹配,为理想的职业目标做好充分的知识、能力和心理准备。

案例分享

通过自我反省重塑自信

某大学需要招聘辅导员,应用英语专业的应届毕业生李燕通过网络发送了求职简历。虽然应聘岗位与李燕所学专业不是很对口,但她还是很幸运地接到了面试通知。第二天,李燕带着事先准备好的自荐材料,提前15分钟到达面试现场。

应聘流程很简单,首先是笔试,笔试通过后才是面试。笔试对李燕来说没有任何难度,到了面试环节,前几分钟还很顺利,可到了快结束时,面试官突然提出了一个情景问题,这让李燕有点措手不及,不过李燕很快就缓过神来,急中生智顺利地回答了这个问题。面试结束后,面试官让她回去等候通知。

李燕自认为此次应聘过程没有任何问题,面试成功是理所当然的。半个月过去了,好不容易等来了应聘结果,答复却是没有通过。李燕有点接受不了,她询问自己被拒绝的原因,答复的老师说是"专业不对口"。听到这个理由,李燕抱怨起来:"您说专业不对口,但我的简历上写得清清楚楚,你们没有看吗?简直是浪费我的时间。"电话另一头的老师没有多说,便挂了电话。放下电话后,李燕冷静下来,开始反思自己:难道真的只是专业的问题?还是院方认为我能力不够……一连串的问题在李燕的脑海里不断涌现。经过认真反省后,李燕得出的结论是自己临场应变的能力还不够,需要提高这方面的能力,这样在以后的求职过程中才能获得用人单位的青睐。

【点评】

从以上案例可以看出,人人都会遭遇失败,但我们不可因为挫折而萎靡不振。经历挫折后,更重要的是认真反思,重拾自信,只有自信才能赢得下一次的成功。

(二)培养自信

自信心是推动个人前进和实现职业目标的重要动力。大学生在求职过程中可能会遭遇失败,这可能削弱他们的自信心并增强自卑感。因此,培养自信心至关重要。大学生应意识到,每次的失败都是学习和成长的机会,而每次的挑战都是提升自信的舞台。通过设置实际可达的小目标,并逐步实现这些目标,可以逐步建立和强化自信心。

(三)适度宣泄

宣泄是处理心理压力的有效方法,可以帮助个体恢复心理平衡。大学生可以采用多种方式适度宣泄情绪,如体育活动、与朋友或家人的深入交谈、写日记等。这些活动不仅帮助他们表达和处理内心的焦虑和烦恼,还能提供情感支持,增强克服困难的信心。

(四)保持乐观

阿尔伯特·爱因斯坦(Albert Einstein)曾经说过:"真正的快乐是对生活的乐观,对工作的愉快,对事业的热心。"大学生应培养并维持乐观的心态,相信不论遇到什么困难,事情最终都会向好的方向发展。积极参与娱乐和公益活动不仅能缓解压力,还能在帮助他人的过程中获得满足感和快乐,从而增强面对职业挑战的心理韧性。

(五)学会转移注意力

学会转移注意力是处理心理压力和解决心理问题的一个非常有效的策略。大学生在面对学业、就业和人际关系等方面的压力时,可以通过以下方式来转移注意力,帮助自己恢复心理平衡和增强心理韧性。

1. 参与户外活动

活动如爬山或旅游不仅可以提供一个改变环境的机会,还可以帮助大学生放松身心,开阔视野。自然环境的美丽景色和新鲜空气能够提升心情,减少心理压力,同时,与大自然的亲密接触也可能激发新的灵感和创意。

2. 听音乐

音乐是调节情绪和心态的强大工具。大学生可以根据自己的情绪选择合适的音乐类型:

当感到抑郁时,可以选择旋律流畅、节奏明快的音乐,如《百鸟朝凤》,这类音乐能够提振精神,带来乐观的情绪。

在焦虑时,适合听节奏舒缓、风格典雅的音乐,如《姑苏行》,这可以帮助平静心情,减轻内心的紧张感。

在愤怒或激动时,选择旋律优美、恬静悦耳的乐曲,如《春江花月夜》,有助于缓解情绪,恢复平和。

夜晚失眠时,听旋律缓慢、清幽典雅的乐曲,如《良宵引》,可以帮助放松身心,促进睡眠。

3. 社交和交流

与朋友和家人进行有意义的交流也是一个非常好的注意力转移方式。通过分享自己的想法和感受,不仅可以得到情感支持,还可以从他人的建议中获得新的视角和解决问题的方法。

案例分享

乐观面对生活,收获一份好工作

吴军是个嘴角随时带着微笑的大男孩,因为乐观、开朗的性格,他在大学期间结交了很多朋友。吴军参加工作才两个月,就已经赢得全公司上上下下员工的好感。有人问吴军有何秘诀,他笑着说:"乐观。"乐观的人心中总是充满了希望,而且能保持积极的态度去做事,无论在什么情况下,他都把自己视为公司的一员,不把自己置身事外。在工作中,他总是积极主动、善于合作、虚心请教、热心助人,这样的人,相信没有哪个领导和同事会不喜欢。

吴军所在的公司虽然算不上大,但"麻雀虽小,五脏俱全"。公司不仅制度健全,而且每一个项目的开展都有严格的流程,吴军首先用一个月的时间来熟悉公司的所有流程,然后再用一个月的时间来了解不同项目的开发手续和流程。现在,公司决定将一个新项目的策划交由吴军来独立完成,他简直高兴坏了。相比其他同学,虽然他们进了大公司,但没有什么参与项目策划的机会,都还在为部门打下手,做着基础的工作。吴军很庆幸自己当时的选择,没有一味地要求进大公司,追求丰厚待遇。

【点评】

从以上案例可以看出,吴军是个乐观的人,他始终坚持用阳光、乐观的心态面对生活和工作,那么生活和工作一样也会回报给他阳光。有的大学生进入公司后,整天怨天尤人,当看到别人在工作岗位上积累了丰富的经验,准备大干一场时,才发现自己把大好的时光和机会都白白浪费了,这种心态很不可取。

课 后 实 践

一、思考练习

(1) 结合自身情况分析可能会影响就业的因素有哪些,如何影响。

(2) 大学生如何去适应社会?

(3) 针对身边的同学在求职中的心理状况展开讨论和分析(表 5-1)。

表 5-1 心理状况分析表

人员	心理状态	遇到的问题	解决方法
甲			
乙			
丙			

二、案例分析

江雪梅大学毕业后经历了漫长的求职,最终在当地的一家外贸公司找到了一份工作。虽然这份工作与毕业时的预期相差甚远,但江雪梅勉强感到满意。然而,这份满足感不久便荡然无存,因为她听闻大学时样样不如自己的同学小刘居然找到了比自己优越的工作,这让江雪梅心里很不平衡。带着这种负面情绪,江雪梅觉得工作中事事不如意,也开始对自己的工作产生懈怠情绪。后来由于一次工作失误,江雪梅被经理狠狠批评了一顿,经理还要求她加班改正,这让江雪梅感觉既委屈又生气。

(1) 案例中的江雪梅应如何完成从学生到职场人的转变?

(2) 江雪梅应该采取哪些职场适应方法或技巧,帮助自己快速适应当前的工作环境?

模块六

职业素养

(1) 了解职业素养的内涵。
(2) 培养职业道德、职业意识和职业技能。
(3) 提升职业素养。

10分钟的面试

张先生怀揣着对职业生涯的憧憬,踏入了一家业界闻名的杂志社面试现场。他深知,若能成功加入这家单位,将是他职业生涯的一大飞跃,相当于提前五年实现了职业梦想,因此他对这次面试格外上心。为了做好充分准备,他特地联系了一位在该杂志社工作的同窗好友,咨询面试的注意事项。

然而,好友的回应却出乎张先生的意料:"其实,这里的面试非常高效,整个流程不过十分钟而已,你无须过于紧张。"张先生听后不禁有些愕然,心想十分钟的时间如何能够充分展示自我、证明能力呢?他质疑,这样一家声誉卓著的杂志社,怎会采用如此"匆忙"的面试方式?

好友见状,微笑着解释道:"这十分钟,其实是一个精心设计的考察过程。从你踏入公司大门的那一刻起,面试就已经开始了。敲门进入办公室,礼貌地问候一声'您好',再到完成自我介绍,这一系列动作,大约会占据前五分钟的时间。而后的五分钟,则是回答主管提出的几个关键问题。这十分钟,足以让面试官评估你是否符合我们的基本要求。"

"更重要的是,"好友继续说道,"在这十分钟里,我们会观察到许多细节。比如,有大约10%的应聘者会因为衣着不整而给人留下不尊重他人的印象;5%的人进门时不懂得敲门,显得缺乏基本的礼貌;还有8%的人甚至连一句简单的'您好'都吝啬于说,直接开始自我推销,这样的行为无疑暴露了他们在人际交往中的欠缺。对于这样的应聘者,我们往往不需要十分钟,可能一两分钟内就能做出决定,因为他们缺乏的是最基本的职业素养和人际交往能力。"

听完好友的解释,张先生恍然大悟。原来,这十分钟的面试,不仅仅是对应聘者专业能力的考察,更是对其综合素质、礼貌修养和人际交往能力的全面评估。他暗自下定决心,一定要在这十分钟内展现出最好的自己,用实际行动赢得这份梦寐以求的工作机会。

张先生听了,倒吸了一口气:原来最容易被人忽视的一言一行,正是他人衡量职业素养的基本标准之一。

【点评】

踏入职场的第一步,标志着一个新阶段的开始,而这一阶段,良好的形象塑造尤为重要。它不仅仅关乎外表的整洁与得体,更在于举手投足间流露出的礼貌、自信与专业。这样的形象,如同一张无形的通行证,助你在激烈的职场竞争中脱颖而出,赢得更多的信任与机会。

更为重要的是,良好的形象塑造是一个持续的过程,它会在日常的工作与生活中潜移默化地提升你的职业素养。它教会你如何在细节中彰显专业,如何在沟通中展现尊重,如何在挑战中保持冷静与自信。这些品质,如同一块块坚实的基石,为你铺就一条通往成功的道路。

因此,请铭记,从踏入职场的那一刻起,就应将塑造良好形象视为一项重要的自我投资。它不仅能够帮助你在职业生涯中赢得先机,更能在你的人生旅途中,成为你不断前行的动力与支撑。

专题一 | 职业素养的内涵

在职场中,个体的每一个行为都是其职业素养的综合体现。无论是何种职业领域,职场人士都需构筑起一个坚实的职业素养基石,这基石包括思想道德素质、科学文化素养、专业技能以及强烈的职业责任感等多个维度。唯有如此,方能自如应对知识经济时代下社会竞争的激烈态势、复杂的人际交往网络以及日益增长的工作压力。

一、职业素养的内容

(一)职业道德

职业道德,作为社会道德体系不可或缺的一环,是职业领域内道德原则与规范的具象化体现,也是社会道德在职业环境中的深化与应用。它涵盖了职场人在从业过程中应遵循的一切行为准则,是指导职业行为、解决职业困惑的重要指南。

面对职业生涯中的种种挑战与困惑,如工作的艰辛带来的负面情绪,乃至对职业价值的质疑,职业道德如同一盏明灯,引领我们坚守岗位、爱岗敬业。它强调责任、诚信与奉献,是职场人精神的支柱。

对于企业与社会而言,职业道德的重要性更是不言而喻。它是维护市场秩序、保障消费者权益、促进社会和谐的基石。近年来,诸如"毒奶粉""地沟油""瘦肉精"等食品安全事件频发,不仅损害了公众健康,也动摇了社会信任,凸显了提升职业道德修养的紧迫性。

因此,对于即将步入职场的当代大学生而言,培养良好的职业道德素养尤为重要。他们应继承和发扬传统职业道德的精髓,同时融入社会主义核心价值观,形成具有时代特色的职业道德观念,为未来的职业生涯奠定坚实的基础。

1. 爱岗敬业

爱岗敬业,是职场人士对其工作岗位的深切热爱与尊重,是勤奋耕耘、恪尽职守的道德体现,它构成了社会主义道德体系中的基石。职业不仅是个人生计的来源,更是实现自我价值、完善人格的重要平台。将热爱转化为行动,于细微处见真章,做到干一行爱一行,爱一行专一行,追求卓越,精益求精,这不仅是社会的期许,更应是每位职场人士内心的自我鞭策。

2. 诚实守信

诚实守信,既是为人处世的基本原则,也是职场中不可或缺的道德标尺。它要求职场人在工作中秉持诚实劳动、合法经营的理念,恪守承诺,维护信誉。诚信如金,缺失则立不稳身。在商业环境中,失去诚信就意味着失去了信任基石,阻碍了个人与企业的长远发展。因此,强化职场诚信建设,对于维护市场秩序、促进经济健康发展至关重要。

3. 办事公道

办事公道,是职场人应秉持的公正原则,即在职业活动中不偏不倚,不徇私情,以公平、公正的态度处理事务。这要求我们在工作中坚持原则,实事求是,遵循道德和法律的准绳,确保每一个决策和行为都能经得起检验。以公道之心待人接物,是职场人应有的职业操守。

4. 服务群众

服务群众,是社会主义道德建设的核心要义之一。它强调职场人在职业活动中应始终把群众利益放在首位,心系群众,为群众提供优质服务。在社会主义社会里,每个人都是服务与被服务的角色,当每个人都自觉履行服务群众的义务时,社会将呈现出一幅和谐共生的美好图景。

5. 奉献社会

奉献社会,是职场人职业道德的最高境界。它要求我们在工作中树立高度的社会责任感,通过不懈努力为社会和他人贡献自己的力量。爱岗敬业、诚实守信、办事公道、服务群众,这些职业道德的方方面面,最终都汇聚成奉献社会的强大动力。正如青年马克思所言,选择为人类福利而劳动的职业,将个人幸福融入千万人的福祉之中,这样的职业选择和人生追求,才是最为崇高和值得追求的。

(二) 职业意识

"意识",这一词汇蕴含了清醒的认知、敏锐的警觉以及集中的注意力,它驱使着我们进行有目的的行动与活动。通过意识,人类能够深入探究因果链条,构想超越现实的场景与可能性,精心规划未来路径,并以预期目标为导向,指引每一步行动。在职场领域,职业意识则特指个体在扮演特定职业角色时,为实现职业目标所应具备的独特思维框架,它体现在职业敏感度、直觉乃至本能般的思维运作中,深刻影响着职场人士的工作表现。成为职场中的佼佼者,需牢固树立以下四种核心职业意识。

1. 角色意识

人生如戏,每个人在社会的广阔舞台上扮演着多重角色,正如莎士比亚所言:"世界是一个舞台,所有的男男女女不过是一些演员。"职业角色,作为这一系列角色中的关键一环,要求个体遵循特定的行为准则与标准。不同职业,意味着不同的角色定位与行为规范。强烈的角色意识使人能够精准自我定位,无论是家庭中的慈父慈母、孝子贤孙,还是职场上的领导、下属、同事,乃至专业领域的法官、教师、医生等,都能游刃有余,展现出高度的专业素养与责任感。反之,角色意识的缺失易导致角色混淆,引发人际冲突,恶化工作与生活环境。

电影《白求恩大夫》中的一幕,深刻诠释了角色意识的力量。面对敌军逼近,白求恩大夫与医疗队负责人均展现出强烈的职业使命感与角色担当,坚持完成手术任务,彰显了职业精神的光辉。这启示我们,强化角色意识,需从岗位实际出发,深刻理解自身角色定位,恪守职业道德,以行业内外的楷模为镜,不断自我提升,确保角色扮演的准确无误与卓越表现。

2. 规范意识

职业规范与纪律是职场运作的基石,其重要性不言而喻。任何成功的集体或团队,无不建立在严格的纪律基础之上。遵守职业规范,是职场人迈向专业化的必经之路。每个岗位都有其独特的规章制度,这些制度不仅是集体意志的体现,更是保障工作效率与质量的重要工具。

规范意识的培养,可分为三个层次:首先,需全面掌握规范知识,明确哪些行为是允许的,哪些是被禁止的;其次,要形成自觉遵守规范的意愿与习惯,即便在无外界监督的情况下,也能自我约束,做到"君子慎独";最后,应将遵守规范内化为个人品质,使之成为如呼吸般自然的存在,达到"从心所欲,不逾矩"的至高境界。在这一过程中,个人不仅获得了职业上的自由,更在道德上实现了自我超越。

3. 问题意识

问题,实为事物内在矛盾的具象表现,未解之矛盾即为待解之问题。个人或团队在日常生活与工作中,无可避免地会遇到各式各样的问题。而问题意识,则是对这些问题所蕴含矛盾的敏锐洞察与深刻理解。它驱使人们主动出击,不仅发现问题之所在,更精准定位问题核心,深入思考,从而探索出更多、更有效的解决方案。

对于职场人士而言,问题意识是推动工作进步的强大动力。拥有问题意识的员工,能够更加积极主动地完成工作任务,而企业团队若强化问题意识,则能持续清除发展道路上的障碍,保持健康向上的发展态势。海尔集团张瑞敏先生便是典范,他成功地将个人强烈的问题意识转化为企业文化,要求每位员工每日自我审视,确保问题不过夜,实现"日事日毕,日清日高"的高效管理。反观那些未能取得显著成就的企业,往往根源在于问题意识淡薄,缺乏持续改进与创新的紧迫感。

要培养问题意识,需从四方面着手:一是全身心投入工作,无论兴趣所在,皆力求完美;二是持续学习,紧跟专业前沿,敏锐捕捉问题苗头;三是细心观察,深入剖析现象背后的本质;四是勇于追问,对任何问题都追根溯源,直至彻底解决。

4. 团队意识

古人云:"人心齐,泰山移。"团队意识,正是这种团结协作、共克时艰精神的集中体现。它建立在尊重个体差异与成就的基础上,强调协同合作,实现个人与集体利益的和谐统一,确保组织高效运转。在团队中,每个成员都应挥洒个性、展现特长,共同为团队目标贡献力量。

在全球经济一体化与国际竞争日益激烈的今天,培养团队意识对于组织、企业的发展尤为重要。对于即将步入职场的青年而言,树立团队意识更是不可或缺的职业素养。要成为一名具备团队意识的员工,需遵循以下四点基本要求。

首先,要具备优秀的表达与沟通能力,善于在团队中分享见解、交流思想,促进团队内部的沟通与协作。

其次,应培养主动做事的品格,不等待指令,而是主动思考、积极行动,为企业发展贡献自己的力量。

再者,要具备宽容与合作的精神,尊重他人差异,善于取长补短,共同推动团队进步。

最后,要树立全局观念,将个人行为融入团队整体战略之中,当个人利益与团队利益发生冲突时,能够主动调整自我,服从大局需要。如此,方能在职场中立足,为企业创造更大价值。

（三）职业技能

职业技能,作为在特定职业领域内高效运用专业知识、践行职业道德与意识的综合能力,对于个人职业发展具有不可估量的价值。在职场征途中,持续精进各项技能,不仅是通往更高职位的阶梯,更是实现职业梦想的坚实基石。

1. 专业技能

专业技能,是职场人士完成工作任务的核心能力,涵盖技术技能与智力技能两大维度。

（1）技术技能。随着数字技术的日新月异,技术技能的重要性愈发凸显。从自动化办公系统的熟练操作,到电子商务平台的精准运用,再到线上企业管理的高效执行,无一不要求员工具备扎实的数学与计算机知识。对于身处一线的工作者来说,技术技能更是不可或缺,他们需熟练掌握各类工作流程与程序,达到高效精准的作业标准。

（2）智力技能。智力技能则是内心世界的智慧展现,它依赖于内部语言的精密组织与逻辑思维的严密推理。无论是文字工作者的笔下生花,根据不同命题构思出精彩的记叙文、说明文、议论文;还是法律工作者的严谨思辨,在法律解释、推理、辩论中展现专业素养;抑或是销售人员的敏锐洞察,通过市场调查与精准推销实现业绩突破,这些都是智力技能在不同职业领域的精彩演绎。熟练的智力技能,是职场人士应对复杂脑力挑战、实现职业目标的重要法宝。

2. 自我管理技能

自我管理技能,作为职场人士高效完成任务的基石,其重要性不言而喻。在任何职业领域,掌握基础的自我管理能力都是必不可少的。通过不断提升自我价值,使自己成为市场上不可或缺的稀缺资源,将为职业生涯的持续发展奠定坚实基础。自我管理主要包括终身学习与习惯管理两大方面。

（1）终身学习的管理。随着知识经济时代的到来,"学历至上"的观念逐渐淡化,取而代之的是对"学力"的强调。毕业离校并不意味着学习生涯的终结,相反,它标志着终身学习旅程的开始。研究显示,大学生在校期间所学知识的5%至10%可能在未来职业生涯中直接应用,而剩余90%至95%的知识则需要在工作实践中不断获取。这一现象反映了现代社会的知识更新速度之快,以及持续学习的重要性。因此,职场人士必须树立终身学习的理念,紧跟时代步伐,不断提升自己的知识水平与专业技能,以免在激烈的职场竞争中被淘汰。

在学习内容上,除了具体的知识与技能外,更重要的是培养学习能力本身。正如"授人以鱼不如授人以渔",掌握学习方法与技巧,比单纯获取知识更为重要。因为知识与技能是有限的,而学习能力则是无限的,它能帮助我们在需要时迅速掌握新知识,解决新问题。

（2）习惯的管理。"思想塑造行为,行为养成习惯,习惯决定性格,性格决定命运。"这句话深刻揭示了习惯对个人成长与职业发展的深远影响。在职场中,职业习惯是职场人长期工作中形成的稳定行为模式,良好的职业习惯能够为职业生涯的成功奠定坚实基础。

① 守时。作为职场人的重要习惯之一,守时不仅体现了对时间的尊重,更是对他人与工作的负责。不守时会严重损害职业形象,甚至影响团队合作与项目进度。因此,职场人应重视时间管理技巧的学习与应用,确保自己始终能够按时完成任务,树立良好的职业形象。

② 责任感。另一个至关重要的职业习惯是责任感。职场人应对自己的工作行为及其结果负责,勇于承担责任,不推诿、不逃避。当遇到问题时,应积极查找原因,认真反思并努力改进,以避免类似错误再次发生。这种高度的责任感将赢得同事与上司的信任与尊重,为职业生涯的顺利发展创造有利条件。

二、职业素养的特征

(一) 职业特定性

职业素养是职场人士在职场舞台上的立身之本,其内涵深受各职业独特性质的影响。以教师为例,这一职业不仅要求从业者怀揣对教育事业的满腔热爱与对学生的深切关怀,还需具备广博的知识储备,以支撑其教书育人的神圣使命。这种职业素养的特定性,确保了从业者能够精准对接职业需求,实现个人价值与社会价值的双重提升。

(二) 渐进养成性

职业素养的获取并非一蹴而就,而是职场人在长期职业生涯中,通过不懈的实践、模仿、自我反思等多元化途径,逐步积累、内化而成的宝贵财富。它融合了职场人能力、意愿与行动策略的综合体现,并随着个人持续学习而不断升华。正如音乐家需天赋与后天努力并重,职业素养的养成同样离不开个人的坚持与努力,非一朝一夕之功。

(三) 情境适应性

职业素养的精髓在于其高度的情境敏感性。它要求职场人能够灵活应对不同工作环境与任务需求,精准判断并展现出最适宜的素质与能力。在复杂机器拆装的情境中,工人需展现出超凡的注意力、记忆力及精湛的操作技能,而在其他相对简单的任务中,则可能无需如此高度的专注。这种随情境而变的适应性,正是职业素养生命力的体现。

(四) 综合统整性

现代职场对职场人的要求日益全面化,职业素养作为行动与心理品质的集中展现,涵盖了职业道德、职业意识、职业态度、行业规范、职业准则、职业形象及职业礼仪等多个维度。它不仅是职场人个人品质的体现,更是与职业活动其他要素紧密相连、相互促进的有机整体。因此,职业素养的提升需注重各方面素质的均衡发展,以实现个人与职业的和谐共生。

三、职业素养的意义

职业素养作为职场人士追求卓越、精益求精的核心素质与能力,是衡量其职业成熟度不可或缺的标尺。它不仅深刻影响着个人的职业成长轨迹,更在推动企业进步与促进社会整体发展中发挥着至关重要的作用。

《一生成就看职商》一书的作者吴甘霖,通过回顾自己职业生涯中从挫折到辉煌的历程,并深入剖析比尔·盖茨(Bil Gates)等业界巨擘的成功之道,以及广泛观察众多职场人士的成功案例与失败教训后,得出了深刻洞见:尽管能力与专业知识是职场竞争的重要砝码,但决定职场成败的关键,更在于个人所展现出的卓越职业素养。他强调,"职商"的高低,即个体在职场中运用智慧与素养解决问题的能力,才是通往成功的关键钥匙。缺乏这些核心素养,个人往往难以突破平庸,与成功失之交臂;而一旦掌握,便能以更高效的路径直达成功的彼岸。

当前,众多企业已将职业素养视为评估员工价值的重要标尺之一。在招聘过程中,诸如某公司便采取全面而细致的考察方式,涵盖专业素质、职业素养、团队协作能力、心理素质及身体健康状况五大维度,其中职业素养更被视为不可或缺的评估要素。这是因为,职业素养不仅内化为员工的工作态度、价值观念与意志品质,更直接外化为高效的工作行为,成为连接个人知识、技能与职业成功的桥梁。

因此,对于初入职场的大学生而言,培养良好的职业素养不仅是个人职业生涯稳健起步的基石,更是打开企业大门、迈向成功职场的"金钥匙"。通过不断提升自我,将职业素养内化于心、外化于行,每位职场新人都能在职场中绽放出耀眼的光芒,成就非凡的事业人生。

案例分享

不能吃的饼干

小刘在熙熙攘攘的招聘会上,被一家专注于宠物食品研发的公司深深吸引,其优渥的待遇让他决定投递动物营养师一职。然而,这个岗位的竞争异常激烈,众多求职者汇聚一堂,公司因此采取了集体面试的模式以筛选人才。

面试过程中,一个独特的环节引起了小刘的注意:面试官桌上摆放着两包看似普通的饼干,每当审阅一份简历后,便会邀请求职者品尝并给出评价。其他应聘者无一例外,均拿起饼干尝味,随后认真地向面试官反馈意见。

小刘心中却泛起了疑惑,他知道这家公司专注于宠物食品,尽管这些饼干对人类无害,但通常宠物食品包装上都会明确标注"非人类食用",且这一信息在公司展览板上也有明确说明。他不解为何面试官会安排这样的环节。

轮到小刘时,面试官同样提出了这个问题。小刘略作思考,坚定地摇了摇头:"这些饼干是专为宠物设计的,并非人类食品。再者,人类的喜好并不能直接等同于宠物的偏好。"他的回答让面试官微微蹙眉,随后又恢复了平静,告知小刘等待通知。

次日，小刘意外地接到了那家公司的录用电话。原来，那些饼干正是公司精心设计的一道考题，旨在考察求职者的专业素养、细心程度以及对公司信息的敏感度。遗憾的是，大多数应聘者都忽略了展览板上的重要提示，而小刘却因他的细心观察和专业知识脱颖而出，成功获得了这份心仪的工作。

【点评】

在公司的面试过程中，考察职业素养是非常重要的环节，因此大学生既要掌握好专业知识，又要养成细心观察细节的职业素养，这样求职成功的概率才会更大。

四、企业员工应具备的职业素养

（一）善于交际

在竞争激烈的市场经济环境中，除了企业实力、规模、产品质量及诚信度外，人际关系同样构成了不可忽视的竞争力要素。构建并维护良好的人际关系，不仅是职场中的一门精妙艺术，更是一种深谙人性、以人为本的智慧体现。在职场交往中，员工需展现出高度的适应性与包容性，与上下级及同事间建立和谐融洽的关系。

这要求我们在日常工作中，无论是面对上级的指示、下属的反馈还是同事间的协作，都应保持自然亲切的态度，言行举止得体大方，展现出温文尔雅的职业风范。在待人接物时，既要热情周到，体现主人的好客之道，又要保持适度分寸，不失个人及企业的专业形象。

在语言交流层面，员工需具备高度的情商与沟通技巧，能够根据不同交流对象及自身角色定位，灵活调整沟通策略，确保信息传递既直接有效又不失礼貌，既能清晰表达个人立场与观点，又能顾及对方感受，避免尴尬与冲突。同时，还应注重团队利益的维护，在必要时展现出灵活变通的能力，为团队和谐与目标的达成创造有利条件。

尤为重要的是，卓越的人际交往能力还体现在能够跨越个性差异，积极团结各种类型的人才，共同为企业的发展贡献力量。这种能力不仅有助于提升个人在职场中的影响力与号召力，更是推动企业团队建设与整体发展的重要驱动力。

（二）爱岗敬业，保持良好的工作心态

全身心投入工作是通往成功的必经之路，懒惰与懈怠只会让成果黯淡无光。敬业，即是对所承担职责的无限尊重与专注，它要求我们以严谨的态度、不懈的努力，对每一项任务都力求完美，确保任务圆满完成。在工作中，无论面对何种挑战，都应保持谦逊学习的心态，避免自满与懈怠，不断精进自我。

（三）有责任意识

责任，是义务与担当的集合体。它既包括对事、对人、对社会的应尽之责，也涵盖了对过失的勇敢承担。责任体系完整而深刻，涵盖责任意识（想干事）、责任能力（能干事）、责任行为（真干事）、责任制度（可干事）以及责任成果（干成事）五大方面。责任意识，是驱动我们自觉履行社会与职业责任的内在动力，它促使我们将责任转化为实际行动，无论环境如何，都能坚守岗位，勇于担当，确保工作安全高效进行。责任意识强的人，往往能够赢得他人的尊重与信任，成为团队中的中流砥柱。

（四）精通业务，有较强的执行力

专业技能与业务能力是职场竞争力的基石。无论个人背景如何，对本职工作的深入钻研与熟练掌握都是不可或缺的。这要求我们在工作中展现出果断、负责、应变能力强等特质，能够迅速适应变化，有效解决问题。同时，保持持续的学习能力与适应能力，使我们能够灵活应对各种新角色与新挑战。

在此基础上，强大的执行力更是职场成功的关键。执行力不仅仅是行动力的体现，更是一种高效实现目标的方法论。它要求我们将想法迅速转化为实际行动，并通过精心的计划与协调，确保任务高质量完成。企业的整体执行力，正是由每一位员工个体的执行力汇聚而成。因此，提升个人执行力，不仅是对自我能力的锤炼，更是对企业团队力量的贡献。

（五）真心热爱自己的企业

员工对企业真挚热爱的种子，实则深植于企业本身的土壤之中。员工选择加入企业，本质上是为了获得合理的报酬，实现个人在社会中的立足与成长。企业则需构建一个良好的生产（工作）与生活（薪酬、福利）环境，作为对员工劳动、智慧与知识贡献的回报。这种互惠共赢的良性循环，是推动"企业与员工共成长，命运相连"愿景实现的关键。企业若忽视员工的物质与精神需求，便会动摇凝聚力的根基；同样，员工也应深刻理解，企业的兴衰荣辱与个人的职业发展、生活福祉紧密相连，是密不可分的命运共同体。

（六）遵守规章制度

俗话说："没有规矩，不成方圆。"这句古训同样适用于现代职场。国家依赖法律法规维护社会秩序，企业则通过规章制度塑造文化，确保运营的顺畅与高效。规章制度不仅是管理的框架，更是降低运营成本、减少管理随意性的重要工具，它保护着员工的合法权益，也为员工行为设立了明确的道德准则和价值标尺。作为职场人，遵守公司规章制度不仅是职责所在，更是职业素养的直接体现。

这一习惯的养成，非一日之功，而是在日常工作中通过严谨的态度与不懈的努力逐步累积而成。每位员工都应秉持诚实正直的原则，无论面临何种情境，都应严格遵守规章制度，不遗漏、不缩减应做之事，坚决拒绝不当行为，杜绝侥幸心理，做到知行合一，不越雷池一步。

综上所述，提升大学生的职业素养，不仅是高等教育的核心使命之一，也是社会各界，包括学生、高校、企业及社会整体的共同责任。通过多方协同努力，为大学生营造一个全面、系统的职业素养培养环境，方能助力他们在未来的职业生涯中展翅高飞。

专题二 | 职业素养的养成

一、大学生职业素养的自我修炼

"凡事预则立，不预则废。"这一古训深刻揭示了规划对于成功的重要性。对于大学生而言，从踏入大学校门的那一刻起，便应围绕个人职业生涯的蓝图来精心规划大学生活，这无疑是一种前瞻性的智慧。在通识教育与专业知识的海洋中遨游时，大学生应积极探索自我，明确目标与专长，以此为导向，实现自主学习的最大化，同时巧妙规避短板，积极累积社会实践经验，逐步构建起职业生涯中不可或缺的核心竞争力。

大学生职业素养的培育，是理论与实践交织、个人努力与外部环境共促的结果。它要求大学生不仅要充分发挥主观能动性，更要充分利用学校提供的教育资源，同时积极融入社会，从多维度汲取养分。因此，及早树立职业意识，强化职业态度，锤炼职业能力，对于奠定未来职业生涯的坚实基础至关重要。

在职业素养的日常培育中，大学生应从细微处着手，将职业素养的提升融入学习生活的方方面面。课堂上，应做到守时、专注、高效，不仅要认真听讲，还要善于记录与反思；课外活动中，应展现诚信、守时、礼貌的品质，以良好的人际交往能力为职业发展铺路；在人际交往中，无论是家人还是朋友，都应真诚相待，倾听与关怀并重，这些都将为职业素养的全面提升奠定坚实的基础。

此外，大学生还需进行自我剖析，明确个性与理想职业的契合度，客观审视自身优劣势，并结合市场需求、社会资源等外部环境因素，合理规划职业发展路径，设定明确的目标。

大学生要注意加强职业素养训练。职业素养训练包括自我效能、心态调整、沟通能力、健康管理、创新能力和印象管理六个方面的训练。下面我们将重点谈谈大学生职业素养的训练。

（一）提高自我效能

自我效能，这一概念由社会学习理论的奠基人阿尔伯特·班杜拉（Albert Bandura）所提出，它蕴含了两个核心要素：结果预期与效能预期。结果预期是个体对于自身行为可能引发后果的预估，而效能预期则是个体对于执行某项任务能力的自我评估。自我效能，简而言之，就是个人对于自身能否有效应对生活挑战、达成目标的信心与信念。

这种信念深刻影响着我们的情感体验、思维模式、自我激励方式及行为选择。积极且适度的自我效能感促使我们相信自己能够胜任任务,从而以积极、进取的态度面对工作;反之,若自我效能低下,则易使人陷入自我怀疑,对工作产生消极回避情绪,极大地削弱工作动力。

明智之人会选择与自己能力相匹配的任务,而高自我效能者更是勇于挑战,通过实践不断磨砺自我,实现能力的飞跃。相反,低自我效能者则可能因惧怕失败而逃避挑战,或设立不切实际的高目标以逃避可能的自尊受挫,最终错失成长与提升的机会。

(二)学会调整心态

人的心理状态始终处于一种动态平衡之中,面对心理冲突与挑战时,学会自我调适至关重要。通过自我反省,我们可以更清晰地认识自己,培养自信心;适度宣泄情绪,避免负面情绪积累;保持冷静与积极,不轻易被困境所击垮。

(三)提高沟通能力

在21世纪,除了专业技能这一"硬实力"外,诸如情绪管理、人际交往等"软实力"也日益受到重视。有效沟通作为软实力的核心,不仅是职场成功的关键,也是人际交往中不可或缺的桥梁。

要实现有效沟通,需谨记三大要点:禁忌、技巧与原则。首先,应避免沟通中的雷区,如使用不恰当的口头禅、过度依赖专业术语或中英文混杂、只顾己方观点而忽视对方、采用威胁性语言、忽视未确认信息等。其次,掌握沟通技巧,如以建议替代直接批评,鼓励对方表达期望,寻求双方共同利益,并尊重对方感受。最后,遵循沟通原则,如换位思考、主动关怀、充分准备(明确目的、了解对象、选定场地、规划时间),并据此制定详尽的沟通计划,以确保沟通顺畅且富有成效。

(四)学会健康管理

健康,作为人生一切成就的基石,其重要性不言而喻。正如那句经典之言:"健康是1,其余皆是其后之0。"没有健康这个稳固的"1",再多的成就也将化为乌有。因此,学会健康管理,实现身心的和谐与最佳状态,是每位大学生的必修课。这要求我们以敬畏自然规律之心,遵循生命的节奏,坚持规律运动,培养科学的生活习惯,并保持一颗乐观向上的心,让健康成为我们追求梦想、享受生活的坚实后盾。

(五)培养创新能力

创新能力,是现代社会对人才的核心要求之一。它不仅是可以通过系统训练提升的技能,更是心理突破与成长的体现。要培养创新能力,大学生需勇于打破思维桎梏,克服消极、自卑与僵化心理,积极投身于广泛的学习与实践之中,不断提升自我心理素质与认知边界。在这个过程中,系统化的训练与丰富的实践经验相辅相成,共同促进创新能力的飞跃。

(六)学会印象管理

印象管理,作为社会互动中的重要策略,关乎个人形象的塑造与人际关系的和谐。

大学生应学会如何在初次接触中迅速建立良好的第一印象，把握那决定性的 7 秒；同时，注重细节，如准确记住他人的名字与面孔，以真诚而非虚假的姿态示人；在沟通中善用眼神交流，展现专注与尊重；保持倾听的姿态，理解先于表达；集中精神，热情而专注地给予对方关注；保持平常心，以自信而不失谦逊的态度展现自我；最后，充分发挥个人优势，以独特的人格魅力感染他人，同时保持真我，不卑不亢。通过这些努力，大学生将能在人际交往中游刃有余，赢得更多的尊重与机遇。

二、高校对大学生职业素养的提升

为了培育符合社会需求的新时代大学生职业素养，高校应致力于构建一个全方位的职业素养培育生态，聚焦于以下五大关键领域。

（一）强化思想品德基石

高校需牢固确立社会主义核心价值体系为教育导向，坚持立德树人根本任务，深度挖掘思政课与课程思政的育人潜力。通过持续优化课程体系，平衡理论教学与实践活动，不仅传授知识，更着重于引导学生形成独立思考、解决问题的能力，以及自我规划与发展的能力。同时，强化政治理论素养与个人品德修养，引导学生树立正确的三观，成为品学兼优、志向远大的社会栋梁。

（二）倡导广泛课外阅读

面对当前大学生阅读趋于功利化的现象，高校应积极引导，鼓励学生超越专业与应试的局限，广泛涉猎经典名著，深化人文底蕴。通过阅读，不仅能够拓宽知识视野，更能陶冶情操，塑造有思想、有深度、有情怀的人格魅力。高校应营造浓厚的阅读氛围，让阅读成为大学生自我提升的重要途径，而非仅仅是应试的工具。

（三）锤炼写作与口才能力

鉴于写作与口才在大学生综合素质及未来职业发展中的核心地位，高校应高度重视这两项技能的培养。通过开设专门的应用文写作与口才训练课程，结合实践活动，让学生在实践中学习，在学习中创新。特别是针对公务员考试、职场应聘等场景，强化学生表达观点、沟通交流的能力，使其能够准确、清晰地传递信息，成为职场中的佼佼者。

（四）强化大学生身心素质训练

一项针对某高校大学生体质状况及锻炼习惯的问卷调查揭示了一个引人深思的现象：仅有 23% 的学生能够坚持日常锻炼，而高达 66% 的学生表示锻炼频次极低，更有 1% 的学生几乎完全摒弃了体育锻炼。这一数据无疑凸显了当前大学生群体中普遍缺乏规律性身体锻炼的问题，表明大多数学生尚未形成良好的锻炼习惯

鉴于世界卫生组织对健康概念的全面界定，即健康涵盖了生理、心理及社会适应能力的全面良好状态，我们不难理解，促进大学生的身心健康，必须同时关注体育锻炼与心理健康教育两个方面。因此，加强心理健康教育，使之与身体健康教育并重，成为高

校教育体系中不可或缺的一环,显得尤为重要。

"动以修身兴吾志,静以养心可全事"这一古训恰如其分地诠释了身心和谐发展的真谛。高校应积极响应,全面推行身心素质综合提升计划,不仅通过体育活动来锤炼学生的体魄、激发意志、促进智力发展及审美情趣的提升,还应深入普及心理健康知识,引导学生以积极态度面对并解决心理问题,从而全方位提升学生的心理素质与心理健康水平。这样的举措,旨在为学生的全面发展奠定坚实基础,促进他们身心健康、和谐地成长。

(五)注重社会实践的效果和持续性

社会实践作为大学生思想政治教育体系中不可或缺的一环,其核心价值在于引领学生深入社会肌理,洞悉国家发展现状,促进个人才能的全面发展与能力提升,同时拓宽他们的认知边界,并深刻激发其社会责任感。正如古语所云:"纸上得来终觉浅,绝知此事要躬行。"学校应当扮演积极的引导角色,鼓励大学生积极响应社会实践的号召,精心策划并合理安排社会实践的时间框架与内容设计,确保活动既富有成效又能够持续进行。

通过这样的实践活动,学校旨在真正锻造大学生的社会实践能力,激发他们的探索欲与求知欲,进而培养深厚的社会责任感。同时,社会实践也是培养团队合作精神、志愿服务意识的沃土,让学生在服务他人、贡献社会的过程中,逐渐形成良好的职业道德观念。最终,这些宝贵的经历将显著提升大学生的综合素质,为他们在未来的职业生涯中增强就业竞争力,奠定坚实的基础。

三、社会对大学生职业素养的塑造

大学生职业素养的培育是一个系统工程,需要学校、学生以及社会各界的共同努力与参与。构建一个全社会共同重视并积极参与大学生职业素养培养的环境至关重要。

(一)深化校企合作,共建实习实训基地

企业应积极承担起培养未来人才的社会责任,与高校携手共建实习实训基地。这不仅是解决学生实践能力不足的有效途径,也是企业提前锁定并培养潜在人才的重要策略。企业可以通过提供实习岗位、科研实验平台以及专业的职业培训与职业素养拓展活动,让学生在实际工作环境中学习成长,同时传播企业文化,增强学生的职业认同感。对于大学生而言,这样的平台能够显著提升其社会实践能力和职业素养,为未来的职业生涯奠定坚实基础。而对于高校,校企合作有助于其紧跟行业动态,精准对接企业需求,实现人才培养与市场需求的有效衔接,从而优化毕业生就业结构。

(二)政府引导与支持,构建完善的实习制度与社会培训体系

鉴于当前我国"实习市场"尚不完善,政府应发挥主导作用,推动建立学校、社会、企业三者联动的实习制度框架。政府可以通过出台相关政策,鼓励并引导更多企业,特别是中小企业,参与到大学生实习工作中来,打破地域和所有制界限,确保实习机会的广

泛性和公平性。同时,政府还应加大对社会培训体系的投入,完善相关配套设施和服务,为大学生提供更加多元化、高质量的实习与培训机会,促进大学生职业素养的全面提升。

我国亟须健全人才市场体系,并构建完善的实习制度,这是促进教育与就业无缝对接的重要举措。国家相关部门应针对大学生实习与兼职活动,出台一系列具有针对性的政策和规定。此举不仅能让大学生更清晰地认识到企业的人才需求标准,明确自身在知识与技能上的不足;同时,也能有效帮助企业降低培训成本,更高效地选拔到合适的人才。实习对于大学生而言益处深远。

1. 强化文化素养与实践能力

文化素养是大学生综合素质的基石,然而,当前教育体系中往往存在重理论轻实践的现象,导致许多学生知识结构单一,缺乏跨领域的基础认知。实习则为大学生提供了将所学知识应用于实践的平台,拓宽了知识视野,使他们在实践中深化理解,增强实际操作能力,从而培养出既有深度又有广度的综合素质。

2. 增强心理韧性与社交能力

大学阶段是心理发展的重要时期,面对理想与现实的差距,部分学生可能遭遇心理挑战。实习经历让大学生提前接触职场环境,体验工作的艰辛与挑战,有助于他们学会应对挫折,培养坚韧不拔的精神。同时,实习也是锻炼人际交往能力的绝佳机会,通过与同事、上级的沟通合作,大学生能够学会处理复杂人际关系,提升社交技巧。

3. 重塑就业观念,拓宽职业视野

传统的就业观念往往局限于专业对口、高薪水、大城市等狭隘范畴,忽视了基层与乡村同样广阔的就业空间。实习经历能让大学生亲身体验不同岗位的工作内容与环境,帮助他们打破固有偏见,认识到基层与乡村同样拥有实现个人价值的舞台。此外,通过实习,大学生能更加理性地规划职业生涯,将个人发展融入国家与社会需求之中,树立更加健康、积极的就业观。

课 后 实 践

一、两人三足游戏

1. 游戏流程

（1）分组。将学生分为两组。

（2）让所有参与者根据自己的身材相似度自行选择搭档,形成两人一组的小队。确保每组成员之间在体型上相对匹配,以便更好地协作。

（3）在每对搭档中,将一名队员的左脚与另一名队员的右脚用软质绑带或绳索紧密而舒适地绑在一起。这样,他们就需要以"三条腿"的方式共同移动。

（4）从每队中挑选一对默契度高的搭档,让他们背靠背站立,腰部用宽带捆绑固定,成为各自队伍的守门员。这样的设置增加了防守的趣味性和挑战性。

（5）采用标准的足球比赛模式,但所有场上队员（除守门员外）均需保持脚踝绑定的状态进行比赛。比赛分为上下两个半场,每个半场持续20分钟,半场结束时,双方队伍需交换场地。

（6）整个比赛的开始和结束均以裁判员的哨声为准。裁判员需确保比赛公平、公正,并在必要时对犯规行为进行及时判罚。

（7）下半场比赛时,为了增加难度和趣味性,可以尝试将三个队员的脚踝绑在一起,形成一个更大的"多足"团队。这将极大地考验队员之间的默契、协调能力和应变能力。

2. 游戏总结

(1) 在踢球的过程中,你和搭档的想法统一吗?

(2) 你认为团队合作的意义是什么?

二、案例分析

在一个知名的网络公司,其发布的软件开发岗位招募启事中明确要求应聘者需为知名大学计算机专业的本科毕业生。这一信息被两位来自某市属高职高专院校经济专业的学生甲与乙所知晓。然而,面对这一挑战,两人的反应截然不同。

乙同学浏览过招聘信息后,认为自身条件与岗位要求相去甚远,便没有将此机会放在心上,选择了默默放弃。相比之下,甲同学虽然同样身处非计算机专业的环境,但他凭借对技术的热爱与不懈追求,不仅完成了本专业的学业,还额外攻读了计算机专业的第二学位,并成功获得了微软认证。此外,甲还积极投身于学校的课外科技探索与科研项目,这些经历极大地丰富了他的实践经验与技能储备。当甲同学看到这份招聘启事时,他并未因自身学历背景的第一印象而退缩,而是进行了深入的自我剖析与评估。确信自己具备足够的实力后,他鼓起勇气,亲自前往公司的人力资源部门投递了简历。

起初,招聘人员对于甲的非本科及非计算机专业背景持有保留态度,准备以学历不符为由婉拒。但在仔细审阅了甲的简历及所持有的各类证书后,他们被甲丰富的实践经验与扎实的专业技能所打动,态度发生了逆转。随即,他们向公司总经理特别推荐了甲,请求给予其一个特殊考虑的机会。总经理在全面了解甲的背景与能力后,做出了破例录用的决定,并决定给予甲与正规计算机专业本科生同等的薪资待遇。这一决定不仅是对甲个人能力与努力的认可,也是对公司"不拘一格降人才"理念的践行。

得知甲同学成功获得这份心仪的工作后,乙同学心中不禁涌起了深深的懊悔与反思,意识到机遇往往青睐于那些勇于挑战自我、不断超越极限的人。

问题:

(1) 讨论并分析甲、乙两名学生的区别在哪里。

(2) 请结合以上两名学生的经历和自身特点分析自己的职业素质在哪些方面还需要提升,该如何提升。

模块七

职场技巧

(1) 学会适当缓解压力。
(2) 掌握人际交往技巧。
(3) 掌握职场情商的培养方法。

自卑心态导致不适应工作

刘璐是某大学应届毕业生,工作不到一个月,就感觉不大适应。与同事、领导相处时,她不知道该如何去做,总觉得自己很多话都不该说。领导说的话她无法专心地听进去;与同事相处时,也没有多少交流,有很多的事情她都不敢去做。例如,她不敢主动给领导倒茶,不敢主动打扫卫生。她畏畏缩缩的,不敢去做事,怕做错,也怕做不好,更怕别人在背后说自己。而且,刘璐每次觉得自己做事有不妥时,就会在心里纠结半天,觉得别人会说自己不好,自己会给别人留下不好的印象。有时她一边想一边冒汗,甚至每天上班前都很紧张。

【点评】

在本案例中,刘璐的问题主要是自卑心理导致的。她对自己缺乏正确的认识,在人际交往中缺乏自信,做事情没有胆量,容易畏首畏尾、随声附和、没有主见。她一遇到事情就以为是自己不好,慢慢地就会失去与同事、领导相处的勇气和信心。要消除自卑心态,需要正确定位自己的社会角色,努力从学生转变到职场人,调整自己的心态,以自信和积极的心态面对工作和职场环境。

专题一 ｜ 职业压力缓解

职业压力能迫使职场人做出偏离常态的行为。职业压力是职场人在职业生涯中经常遇到的问题，如果不能得到及时缓解，不仅会影响工作的正常开展，还会影响人的身心健康。

一、造成职业压力的原因

（一）自身的能力和经验暂时无法适应当前的工作要求

当你来到一个新的工作岗位、调入公司其他部门或升职后，新岗位的工作要求和标准上升到一个你之前的工作没有触及的范围。你需要调整自己已经习惯且感到舒服的工作方式，来应对新的工作压力。跳出舒适区域的过程总是痛苦的，所以你会感觉工作压力突然增大。

（二）组织的资源配置不合理

组织的资源配置不够合理的状况在团队剧烈变化、大公司部门调整、创业公司未成熟时期都可能出现，也会造成职业压力。

（三）不适应新环境

新的环境会影响工作，并带来工作压力。例如：若到一个新的国家工作，语言还不够流利，可能会影响工作的沟通效率；熟悉的领导退休了，新的领导工作方式和工作重点安排与之前的领导不太一样，会在一定程度上影响工作能力的发挥。所以在适应新环境之前，工作压力肯定是较大的。

二、职业压力的自我调整

（一）充分利用互联网

利用互联网的资源进行学习和技能提升，寻找那些能提供职业帮助的网站和工具。互联网可以是一个学习新技能、找到解决问题的方法或者连接同行社群的宝贵资源。

（二）正确评价自己的优缺点

列出自己的优点和缺点，并让信任的朋友提供反馈，这有助于自我认知的提高。了解自己的强项和弱点可以更好地利用个人优势，同时避免或改善缺点的影响。

（三）克服畏惧情绪

通过从小事做起，如主动与人打招呼或尝试平时不敢做的事，这可以逐步增强面对工作挑战时的勇气和自信。

（四）让生活充满秩序

维持有序的生活习惯，如整理办公桌和电脑文件，保持家庭和职场环境的整洁，这可以帮助清晰思绪，减少不必要的精神负担。

（五）保持平和的心境

定期进行体育活动，每天留出时间进行放松和反思，这有助于维持积极的心态和健康的情绪状态。

（六）不要盲目地相信他人

在职场中理性选择信任的对象，意识到不是所有人都会站在你的立场上考虑问题，这有助于减少失望和挫折感。

（七）坚持自己的价值观

明确自己的职业和生活目标，评估当前的工作是否能满足这些目标，如果不符，应考虑改变。

（八）保持活力

尝试以积极的态度面对日常工作，即使是接电话也保持微笑，利用"心理暗示"提升工作热情和个人情绪。

（九）适应不可避免的事实

接受生活中不可避免的挫折和失望，坦然面对，从中学习和成长，而不是沉溺于后悔。

专题二 职场人际社交

一、处理好基本的人际关系

人际关系是人们在交往中心理上的直接关系或距离，反映了个人寻求与满足其社会需求的心理状态，是人与人之间在交往过程中，彼此借由思想、感情、行为所表现出的吸引、排斥、合作、竞争、领导、服从等互动关系。

人际关系对我们做好工作有着十分重要的作用，处理好人际关系的常见技巧主要有五种。

（一）让人喜欢你

亚伯拉罕·林肯曾指出人类渴望被欣赏和感到重要，这种渴望区别于其他生物。

这种深层的心理需求影响着人际关系的建立和维持。要让人喜欢你,并非仅仅是出于社交的目的,而是建立在相互尊重和有益的互动之上。以下是一些有效的策略,可以帮助你在职场和私生活中建立更好的人际关系。

1. **把注意力从自己身上移开**

避免过度自吹自擂或总是指导他人,这可能会使人产生反感。更多地聆听他人,关注他们的需求和兴趣,而不仅仅是自己的。

2. **真诚地关心别人**

真正地关心别人比任何技巧都重要。表现出对他人生活和感受的关注,这会使人感觉被重视,从而更容易建立信任和友谊。

3. **不要低估任何人的价值**

无论是日常生活中的偶遇还是工作中的接触,都把每个人视为重要的。这不仅能增加你的人际网络,还可能在未来获得意想不到的帮助。

4. **调动别人的兴趣**

在交流中找到并触及对方的兴趣点。如果你能谈及别人感兴趣的话题,他们自然会更喜欢与你交流。

5. **请别人提建议或帮助**

向他人寻求建议或帮助可以增强彼此的关系,人们通常愿意分享他们的知识或技能,并因此感到满足和自豪。

6. **考虑别人的情感**

在人际交往中,情感的力量往往超过理性。尊重和体谅他人的情感,可以使关系更加和谐。

7. **为别人服务**

帮助他人解决问题或提供支持,这不仅能使人感激,还能增强你在他们心目中的价值。

8. **带些额外的东西给朋友**

不仅是物质上的小礼物,更多的是信息、见解或机会的分享,这些都能增加你的人际吸引力。

9. **言而有信**

保持诚信是建立持久关系的基石。确保你所说的和你所做的一致,这样人们才会信任并尊重你。

10. **承认对方的重要性**

经常表达对他人的赞赏和尊重,这不仅能解决许多潜在的冲突,还能深化关系。

11. **避免争论**

争论可能伤害人际关系,尤其是当胜利看起来比解决问题更重要时。学会讨论而非争论,寻找共赢的解决方案,这样可以避免不必要的冲突。

(二)学会主动

主动性是建立人际关系的核心。通过以下几个方面可以提高你的主动性:

1. 情感表达的主动

成功的人际互动往往源于能够有效地表达和调节情绪。如果你能与他人情绪共舞,或使他人跟随你的情绪步调,将极大促进顺畅的交流和互动。

2. 增加交往频率

频繁的交往可以加深关系的亲密度。不要害怕主动联系他人,无论是通过社交媒体、电话还是面对面的聚会,频繁的正面互动都是构建深厚关系的基石。

3. 互惠互利的互动

主动在人际关系中提供价值,这可以是尊重、支持或帮助。这不仅包括在对方需要时伸出援手,还包括在日常生活中的小善行,如赞赏他人的成就或原谅他人的过失。

(三)学会理解

理解是所有健康人际关系的基石,它要求从他人的视角看问题,这不仅能解决冲突,还能加深彼此的信任和尊重。

1. 培养宽容的心态

理解他人意味着超越自我中心的视角,考虑到他人的情感和需求。宽容和理解可以帮助你在复杂的人际网络中保持良好的社会形象,增加人际吸引力。

2. 积极倾听

真正的理解始于倾听。通过倾听来理解对方的立场、感受和需求,这不仅能够减少误解,还能增强双方的关系。

3. 示范理解与合作

在团队环境中,展示你的理解能力和合作精神。这将增加你的影响力,使你成为一个受欢迎和受尊重的团队成员。

(四)学会沟通

有效的沟通技巧是职场成功的关键组成部分。沟通不仅仅是信息的传递,更是理解、反馈和建立共识的过程。以下是一些基本的沟通原则和技巧,可以帮助你提升沟通效率并在职场中建立良好的人际关系。

1. 听——倾听的艺术

(1)有礼貌地听。在对话中保持耐心,不要急于打断对方。给对方足够的时间表达观点,显示你对他们的尊重和兴趣。

(2)宽容地听。尽量避免对所听内容进行即时的负面判断,保持开放的心态,理解对方的观点,即使你不同意。

(3)控制自我表现。避免在倾听时过度表达自己的意见,特别是在初次听到信息时。保持客观,避免因个人偏见而影响对信息的接受。

2. 问——开放式提问

(1)转变问话方式。使用开放式问题(如使用"什么""怎么""如何""为什么"等引导词),这类问题鼓励对方进行更深入、自由的表达,从而获得更多信息和洞察。

（2）尊重对方。开放式提问表明你尊重对方的观点和感受，让对方感觉到他们的回答对你来说很重要，这有助于建立信任和尊重。

3. 表达——清晰与准确

（1）口头表达。使用亲切、准确且清晰的语言，确保对方能够理解你的意图和信息。表达时注意语速、语调和语气，这些都会影响信息的接收。

（2）书面表达。确保书面沟通简明扼要，逻辑清晰。无论是电子邮件还是报告，良好的书面表达能够有效提升你的专业形象。

（3）非语言表达。利用适当的肢体语言，如目光、表情和手势，来增强语言表达的效果。这些非语言的提示可以帮助加强语言的情感色彩和强调点。

4. 综合应用

在实际沟通中，将听、问和表达结合起来，形成一个互动的循环。每一步都为下一步的更深层次沟通铺平道路。通过有效的倾听来了解对方，通过开放式提问深入探讨问题，最后通过明确清晰的表达来确保双方达成共识。

案例分享

盲人点灯

有个人请一个盲人朋友吃饭，吃到很晚，盲人说："很晚了，我要回去了。"主人就给盲人点了一个灯笼，盲人就很生气地说："我本来就看不见，你还给我一个灯笼，这不是嘲笑我吗？"

主人说："因为我在乎你才给你点个灯笼，你看不见，别人看得见，这样你走在黑夜里就不怕别人撞到你了。"盲人很感动。

【点评】

沟通时最重要的是以诚相见。我们要学会换位思考，站在对方的角度看问题。从不同的角度看待事情，也许就会有不同的见解。在沟通时，也要学会包容与理解对方，减少误解和偏见。

（五）学会倾听

倾听是沟通中极为重要的一环，对于建立和维护有效的人际关系至关重要。有效的倾听不仅能帮助你更好地理解对方，还能展示你的尊重和关心。以下是一些提高倾听技巧的具体建议：

1. 表现出诚意倾听

（1）安排专注时间。如果你真的有事不能倾听，应该诚实地表达出来，并安排另一个更合适的时间进行交谈。这表明你尊重对方并且真正关心对话内容。

（2）全神贯注。当你决定倾听时，应该全心全意地投入。避免做其他事情，如查看手机或分心其他活动,这会给对方一个不重视的印象。

2. 避免不良倾听习惯

(1) 不打断对方。在对方讲话时避免打断他们。等对方讲完或在适当的停顿时再发言。

(2) 避免引导话题。尽量不要把话题引到自己身上,这会让对方感觉不被重视。

(3) 控制即时评价。避免在对方还未完成他们的讲述时就进行评价或给出解决方案,这可能会让对方觉得你并不真正理解他们的情况或感受。

3. 适时鼓励和表示理解

(1) 使用肯定性语言。在对话中适当使用"明白""确实如此"等肯定性语句,表示你在认真听并理解对方的观点。

(2) 非语言反馈。点头和微笑是非语言上鼓励对方继续说下去的有效方式,它们可以传达你的关注和支持。

(3) 反馈总结。在对话的适当时刻,简要总结对方的观点或情感,以显示你的理解和关注。例如说:"你刚才提到……这对你来说一定很难。"这种反馈可以加深对话的连贯性和深度。

案例分享

金 人

在中国古代,曾经有个小国的使者到中国来,进贡了三个一模一样的金光闪闪的金人,把皇帝高兴坏了。可是这个小国的使者出了一道题目:这三个金人哪个最有价值?皇帝想了许多办法都没能得出答案,请来珠宝匠检查,称重量、看做工,发现这三个金人都是一模一样的。

最后,有一位老臣说他有办法。于是,皇帝将使者请到大殿,老臣胸有成竹地拿着三根稻草分别插入了三个金人的一只耳朵中。很快,第一个金人的稻草从它的另一只耳朵里出来了;第二个金人的稻草从它的嘴巴里直接掉了出来;而第三个金人,稻草进去后就掉进了它的肚子里,什么响动也没有。老臣说:"第三个金人最有价值!"使者默默无语,因为老臣答对了。

【点评】

这个故事告诉我们,最有价值的人不一定是最能说的人。我们有两只耳朵和一张嘴,就是让我们多听少说。善于倾听才是成熟的人最基本的素质。

二、处理好与同事的人际关系

每个步入新工作岗位的人,都希望尽快地与陌生的同事融洽相处、团结互助。他们深知,与新同事建立和谐的人际关系,不仅有益于工作水平的提高,还会令人心情愉快舒畅。

(一)谦虚是金

初涉新单位,总想让同事尽快了解和熟悉自己,希望引起同事的注意,这是人们的普遍心理。在这种心理的支配下,一些人常常在不经意间谈论自己的"从前"。这是一种适得其反的做法,即使你曾有过十分非凡的过去,也要保持谦逊的态度,不要炫耀自己。

(二)热心助人

我们常常在一些单位看到有些人很忙,有些人很空闲。若遇上这种情形,应该主动帮助正在忙碌的同事做些力所能及的工作,如果插不上手,则可以静下心读些业务相关书籍或者资料。这样可以获得大多数同事的好感,认为你是个乐于助人的人。那些曾被你相助的同事亦会心存感激,在你今后的工作中也会伸出援助之手。

专题三 | 职场情商提升

通常人们认为智商高低与一个人的职业、事业发展密切相关,然而现在这种观点被认为是片面的。美国《时代》周刊有一句名言:"如果不懂情商,从现在起,你落伍了!"哈佛大学教授、著名心理学家丹尼尔·戈尔曼(Daniel Goleman)有句至理名言:"成功=20%的智商+80%的情商。"也就是说,判断一个人事业能否成功的主要指标不是智商,而是情商。智商为个人成功提供了潜力,情商却制约着智商发挥的程度和限度。

一、情商的概念

情商包括情绪控制能力、自我认识能力、自我激励(自我发展)能力、认知他人的能力和人际交往的能力。

情商的核心内容之一是具备控制自身情绪的能力。这种能力越高,个体越能保持冷静、乐观、热情和开朗的积极心态,更能及时摆脱焦虑、愤怒、抑郁、悲伤等不良情绪。研究表明,在积极的情绪下,人的中枢神经处于最佳的功能状态,人体充满活力,可充分发挥潜能,脑力劳动的效率和耐力得以提高。相反,长期处于不良情绪中,将引发疾病,阻碍个体成才。

一般认为情商高的人具有如下特点:尊重他人,理解他人,社交能力强;外向而愉快,乐观豁达;为人正直,富有同情心;情感丰富但不易陷入恐惧或伤感,无论是与他人共处还是独处都能保持情绪稳定,怡然自得。

二、职业情商的内涵

职业情商就是从事某种职业应具备的情绪表现,它更加侧重对自己和他人的工作情绪的了解和把握,以及如何处理好职场中的人际关系。职业情商是职场人在实现职业发展的关键因素。

在职场中,一个人的知识、经验和技能等因素固然重要,但是影响和决定一个人职业发展的关键因素却是职业情商。

职业情商能帮助职场人做到"知己知彼",对其职业发展具有促进作用:"知己"使职场人能正确评估自身能力,明确自己的优势和潜质,把工作与个人兴趣、职业气质和倾向结合起来,发现自己未来职业发展的最根本动力源泉;"知彼"使职场人将个人特质、条件与岗位需求相对照,发现个人就业优势与劣势,进一步锁定个人职业发展的具体目标。

案例分享

和谐关系是职场高情商的一种表现

周明担任销售员已经一年多了,现在不仅业绩有了一些起色,而且建立了很多客户关系。最近,以前刚进公司就带他的师傅褚亮由于业务繁忙,需要找一个帮手,周明自然就成了他的首选。毕竟是帮过自己的师傅,周明不好意思拒绝。可是几个月以后,周明发现,帮助师傅的时间越来越长,这耽误了自己的业务,师傅的客户还心安理得地使唤周明,对周明的要求越来越多,而且这些业务量都算在师傅名下。周明觉得自己既累又挣不到钱,但是他又不知道该怎么说,怕得罪了自己的师傅。

不巧的是,周明的妻子因为生病需要一笔手术费,周明只能四处借钱。他决定想一个两全其美的办法和师傅说明。周明来到单位,对师傅说:"师傅,我妻子的手术费是借的,这您知道,现在人家催我还账了。可是我的业务量本来就不多,拿什么还人家啊,您看能帮我想想办法吗?"师傅听后马上明白了周明的弦外之音,自己确实占用了周明不少的时间。周明这时接着说:"师傅,您看这样行不行,我愿意帮您打点客户,您能不能把这些客户的相关业绩算在我们两个人的名下。"自知理亏的师傅很爽快地答应了周明的提议。就这样,周明在不得罪师傅的前提下,不仅增加了自己的业务量,还很好地维持了和谐的同事关系。

【点评】

职场新人如何在不得罪对方的前提下拒绝对方的要求?这就是考验职场新人情商的时候了。案例中周明如果再不想办法采取措施,很可能会将两个人的关系搞僵,最后甚至可能是针锋相对。周明将自己的苦恼抛给对方后,对方自知自己的行为不太占理,于是答应周明的提议,这样双方才得以继续维持和谐的关系。

三、职业情商的提升

提升职业情商(情绪智力)对于职业生涯的成功至关重要。情商高的个体通常在工作场所表现得更为出色,因为他们能更好地管理自己的情绪、与他人有效沟通并构建强有力的人际关系。以下是如何在职场中提高情商的关键方面:

(一)认知和管理情绪

情绪是个体对内外刺激的一种态度和行为反应,涵盖从快乐到悲伤的多种基本和复合情绪。在这些情绪中,只有快乐被视为正面情绪,而愤怒、恐惧和悲伤等则属于负面情绪。有效地管理和调整情绪,特别是消极情绪,对个人的生活和成功至关重要。情绪管理能力并非天生,而是可以通过持续的训练和实践来发展和提高的。通过观察、理解并诚实面对自己的情绪,以及学习如何将情绪调整到最佳状态和适当表达,人们可以更好地适应环境并影响他人。实际上,情绪管理的方法虽然简单,但关键在于持之以恒的实践。

1. 控制情绪

(1)认知重构。当感觉到负面情绪如愤怒或急躁时,试图重新评估情况,改变对事件的解读。这涉及到从一个更客观或不同的角度来看待问题,有助于缓和立即的情绪反应。

(2)延迟反应。在感到愤怒或冲动时,实施延迟法,即给自己一段时间冷静下来,再作出反应。这可以防止在情绪激动时做出可能后悔的决策。

(3)情绪转移。将注意力转移到其他活动或思考上,如进行散步、运动或进行其他兴趣爱好,可以有效分散注意力,减少负面情绪的影响。

2. 合理宣泄

(1)表达与分享。向信任的朋友或家人表达自己的感受,不仅可以释放压力,还可以获得支持和新的观点。社会支持是情绪管理中的一个重要因素。

(2)身体活动。体育运动如跑步、游泳或瑜伽不仅有助于提高身体健康,还能有效释放紧张和压力。体育活动能增加内啡肽的产生,这是一种自然的"感好"神经递质,有助于提升情绪。

(3)创造性表达。通过艺术活动如绘画、写作或音乐等创造性表达方式来宣泄情绪。这些活动可以帮助人们以构造性的方式处理内心的冲突和感受。

(二)提高人际关系管理能力

提升人际关系管理能力对于成功完成各种学习、工作和生活任务至关重要,因为这些任务通常需要有效的沟通与协调。人际关系管理本质上是一种调控和理解他人情绪的艺术,其中沟通、换位思考、赞美、宽容和微笑是关键技巧。通过深入观察并了解他人的情感和想法,我们可以更恰当地回应他们的行为,从而建立和维护良好的关系。

1. 沟通

沟通是信息和感情的交换过程,对于建立和维护人际关系非常重要。有效沟通不仅包括使用适当的语言和行为来表达情绪,还涉及采用不同的方式来增进理解和消除误会,从而达到和谐的交流效果。

2. 换位思考

换位思考是理解和信任他人的基石。通过将自己置于对方的立场,我们能更容易理解对方的意图和情感,从而在冲突或误解发生时迅速化解问题,加深相互理解和宽容。

3. 赞美

适当且真诚的赞美可以激励人们,并调节情绪。它不仅能增强个人的自信和自尊,还能在冲突中建立共同立场,减少对立。赞美的艺术在于其真诚和适度,需要根据情境和对象恰当地使用。

4. 宽容

宽容是处理人际关系的一项重要技能,它有助于包容和理解他人的不同情感。宽容不是软弱的表现,而是一种能够给予他人改正错误的勇气和空间。

5. 微笑

作为人际互动的重要非语言行为,微笑能够缩短心理距离,促进情感的交流和理解。它不仅能表达友好和接纳,还能在多种社交场合中发挥缓和紧张、表达谢意和歉意的作用。

(三) 提高语言表达能力

俗话说:"良言一句三冬暖,恶语伤人六月寒。"语言作为一种表情达意、进行社会交际的工具,是一个人气质涵养的外化和情商的具体表现。

1. 声音的魅力

每个人的声音都蕴含着独特的情感和色彩,而有效地利用这一点可以大幅提升个人的语言魅力。良好的声音表达不仅能吸引听众,还能体现说话者的个性和魅力。要让声音更具吸引力,可以从三个方面着手。

(1) 音调的变化。单调的音调往往显得枯燥无味,而音调的适当抑扬顿挫能给对话增添生动性。在交谈中,根据对话内容的情感深浅和重要性调整音调的高低,可以使语言更加富有表现力和感染力。

(2) 音量的控制。合适的音量是有效沟通的关键。音量过大可能会使对方感到不舒服,而音量过小则可能导致信息传递不清。在不同的谈话环境中,调整音量以适应周围的噪声水平和谈话的私密性,是保证信息准确传达的重要手段。

(3) 语速的把握。适当的语速可以防止听众的听觉疲劳。在交流中保持适度的语速变化,特别是在重要信息点上适当放慢语速以强调内容,可以帮助听众更好地理解和吸收信息。

2. 谈吐的基本修养

在人际交流中,语言的准确性、清晰度、礼貌以及幽默感的恰当运用对于建立有效的沟通非常重要。这些元素共同作用,不仅提升了交流的效率,也增强了个人的社交魅力。

(1) 语言的准确性。在多元文化和多方言的背景下,准确的发音和恰当的措辞是基本的沟通要求。发音的准确性有助于消除方言带来的障碍,而措辞的精确则可以防止意义的误解和歧义,确保信息的正确传递。

(2) 表达的清晰度。口语交流的快速特性要求表达必须简洁明了。清晰的表达不仅帮助信息迅速传递,还减少了误解的可能,使对话更加流畅。

(3) 礼貌用语的使用。礼貌是提升个人魅力和建立正面社交形象的重要因素。孔子所说的"文质彬彬,然后君子",强调了礼貌用语在交流中的重要性,它不仅体现了尊重,也能促进交流的和谐。

(4) 幽默的应用。幽默是有效沟通的润滑剂,能够缓解紧张的氛围,增添交流的乐趣。健康且高尚的幽默感应建立在思想健康的基础上,避免庸俗和不恰当的玩笑,以维护交流的正面效果。

3. 说话的艺术

(1) 适应对方的特点。了解并适应交谈对象的性格特点(如聪明人、外向或内向的人)对建立有效的沟通至关重要。这不仅使对话更顺畅,还能使交流更具针对性和效果。

(2) 考虑年龄差异。不同年龄段的人在思维和表达方式上存在差异,适当调整交流方式能更好地与不同年龄的人建立联系。

(3) 地域差异。地域背景影响人的说话习惯和文化偏好,认识这一点有助于调整交谈策略,以适应不同地域的人。

(4) 文化水平。对话时考虑对方的教育背景和理解能力,选择合适的语言和表达方式,可以避免沟通障碍。

(5) 兴趣爱好。从对方的兴趣爱好出发,可以激发对方的兴趣和参与度,使对话更加生动和有吸引力。

4. 提升语言魅力的四大要领

(1) 运用身体语言。合适的身体动作可以增强语言表达的效果,反映说话人的态度和情绪。

(2) 表里如一。语言的真诚和一致性体现了一个人的内在修养,对建立信任和正面形象至关重要。

(3) 善用眼神。适当的眼神交流可以增强互动的亲密度和认真度,不恰当的眼神则可能传递出不尊重或不专注的信息。

(4) 先听后说。有效的倾听是沟通的基础,显示出对对方的尊重和关注,有助于更好地理解对方并作出适当的回应。

课 后 实 践

一、人物访谈

拟定优秀员工访谈提纲,自主组织开展人物访谈,并分享企业优秀员工访谈心得体会。具体步骤如下。

(1) 5~6人为一组,进行小组成员分工。

(2) 各小组分别深入社会寻找"企业之星"。

(3) 约定访谈人物、时间。

(4) 拟定访谈提纲,确定访谈内容(表7-1)。

表7-1 访谈内容

提纲	回答	分析
1. 谈谈你是如何融入这个团队的		
2. 你曾经有过搞笑或者尴尬的工作经历吗?		
3. 通常会用什么方式来缓解压力?		
4. 你认为成为优秀员工需要具备怎样的能力?		
5. 你对公司发展、自身的职业发展有什么期望?		

（5）对访谈内容进行整理分析，并撰写访谈总结和心得。

二、案例分析

阿雯是一个即将毕业的大学生，由于家庭条件不好，阿雯大学4年都在勤工俭学，几乎从不为自己添置价格很高的生活用品。每次看着身边家境优渥的同学，不仅没有生活费的压力，而且还穿得好，随手拿的都是最新的电子产品，阿雯十分羡慕，也常常感到自卑。

由于家境的影响，阿雯在班里沉默寡言，很少和同学们聊天，即使遇到事情也不会说出来，只是一味地忍让，老是感觉自己不如别人、低人一等，久而久之就形成了怯懦自卑的性格，最终她成了班里的"隐形人"。

现在她即将步入社会，也要准备应聘的相关事宜，可这对生性敏感自卑的她来说却是较大的挑战，她特别担心自己在面试的时候说错话，也为与面试官交谈一事感到紧张。因此在求职过程中，阿雯便不自觉表现出一副谨小慎微的模样，怕一句话说错或一个问题回答不好会给用人单位留下不好的印象，以致不敢放开说话。结果，每次面试她都是"不战而败"。尽管她自己也在努力改变，但收效甚微。不知道在求职的路上，阿雯还要持续多久才能成功。

问题：

（1）阿雯为什么总是求职失败？你如何看待阿雯面临的困境？

（2）你认为大学生需要培养哪些心理素质？

参考文献

[1] 迟云平.职业生涯规划[M].广州:华南理工大学出版社,2019.
[2] 陈彩彦,兰冬蓉.大学生职业生涯规划[M].北京:航空工业出版社,2018.
[3] 陈宝凤.大学生职业生涯规划[M].哈尔滨:黑龙江大学出版社,2016.
[4] 成茜,唐艳,邓双喜.大学生职业发展与就业指导[M].成都:电子科技大学出版社,2017.
[5] 程龙泉.职业能力培养与就业指导[M].北京:北京理工大学出版社,2017.
[6] 胡钟华,竺照轩.大学生就业指导[M].3版.北京:机械工业出版社,2020.
[7] 刘敏岚,周石其,余育新.大学生就业指导[M].北京:电子工业出版社,2020.
[8] 李金亮,杨芳,周欣.大学生职业生涯规划[M].长沙:湖南教育出版社,2019.
[9] 李明,余珊.大学生职业生涯规划[M].北京:电子工业出版社,2019.
[10] 林学军,郑慧娟.大学生职业规划与就业指导教程[M].广州:暨南大学出版社,2018.
[11] 吕平.大学生职业生涯规划与就业创业指导[M].天津:南开大学出版社,2018.
[12] 石洪发.大学生就业指导与创业教育[M].北京:北京理工大学出版社,2020.
[13] 王炼.大学生就业指导[M].北京:北京理工大学出版社,2018.
[14] 王兆明,顾坤华.大学生职业生涯规划[M].苏州:苏州大学出版社,2018.
[15] 万辉君.大学生就业指导与职业生涯规划[M].武汉:华中科技大学出版社,2018.
[16] 易玉梅,易华.大学生职业生涯规划与就业创业指导[M].长沙:湖南师范大学出版社,2019.
[17] 赵秋,黄妮妮,姚瑶.大学生就业指导[M].北京:北京师范大学出版社,2020.
[18] 薛靖,黄奕,李想.就业指导与职业素养[M].成都:四川大学出版社,2021.
[19] 张福仁,孟延军,杨彬.大学生就业指导[M].4版.北京:人民邮电出版社,2021.